カクレキリシタンの実像

日本人のキリスト教理解と受容

宮崎賢太郎

吉川弘文館

はじめに

テレビ番組のアンケートで、「きくらげ」とは海産物、海藻と思っている人が一〇〇人中七二人もいたそうです。いかにネーミングによって私たちは誤ったイメージを勝手に作り上げ、あたかもそれが真実の姿であるかのように思い込んでしまうかを物語る話だと思います。「生ビール」と「瓶ビール」どちらが新鮮かという問いには、なんと八六％の人が生ビールのほうが新鮮と答えていましたが、実際には今では熱処理技術が進歩して、生ビールも瓶ビールもまったく中身は同じなのだそうです。これも「生」という言葉がもたらす強烈な思い込み現象の一例です。

「隠れキリシタン」も、もしこんな名前さえつけられなかったら、「隠れてキリスト教を拝む秘密結社」などという偏見と好奇の目で世間から見られることもなかったでしょう。明治以降キリシタンは信仰の自由を認められたのですから、隠れる必要はまったくなかったし、彼ら自身自分たちの宗教のことをけっして隠れキリシタンとは言わなかったのです。

隠れキリシタンや離れキリシタン、納戸神などといった名前を勝手につけて呼び始めた研究者にも責任の一端があるのかもしれません。彼らは隠れてもいなければキリシタンでもないのですから、もしどうしても「隠れ」という言葉を使いたいのであれば、今でも何かを隠していることだけは間違いないので、「隠しキリシタン」とでも呼んだほうがまだ適切かもしれません。

筆者は、父方が長崎県の外海の、母方が浦上の復活キリシタンの血につながるキリシタンの末裔の一人として、長崎市内に生まれました。生後三日目にカトリック教会で洗礼を受け、その後、典型的な長崎のカトリック信者のコースをたどりました。大学院在学中イタリアに渡り、三〇歳のときに帰国して長崎にあるカトリック系の大学に奉職しました。その後三〇年余りにわたり、主として長崎県下に現存するカクレキリシタンの調査研究に従事してきました。

ここでいうカクレキリシタンとは、江戸時代のキリシタン弾圧下で、キリシタン信仰を隠して継承してきた人々のことではありません。明治に入ってキリシタン禁令の高札がおろされ、信仰の自由が認められたのちも、仏教の仏様も、神道の神々や民俗神も、そして先祖代々伝わるキリシタンの神々もそれこそ三位一体の神様のように拝み続けて今日に至っている人々のことです。筆者は長崎で生まれ育った一人のカトリック信者として、また日本キリスト教史の研究者として、従来の通説に惑わされることなく、つねに民衆層に視座を据え、彼らの信仰の真実の姿をできる限り明らかにしていきたいと思います。迫害と殉教の話を背景とした、悲しいロマンの物語としての日本キリスト教史ではなく、根強い日本の民衆の強靱な信仰の実像にいくらかでも迫ることができればと考えています。

筆者はこれまで一貫して日本におけるキリスト教（主としてカトリックに限定する）の受容―変容―土着のありようを明らかにすることに努めてきました。文献によってキリシタン時代から潜伏時代を経て明治初期の解禁期までの信仰の姿を考察し、加えて三〇年近くに及ぶ長崎県下を中心とした調査研究によって、現代に生きるカクレキリシタン信仰の本質を明らかにする作業に取り組んできました。

それらの研究を通じて、等閑に伏すことのできない根源的な問題の一つと思われたのは、「日本において三〇万人のキリシタン改宗者があった」などと言われるとき、その「改宗者」と呼ばれる人々の信仰の実像とは、はたしてどのようなものであったのかということです。受洗したという記録に接しただけで、私たちはただちに「敬虔なクリスチャン」が日本の中に多数生まれたかのようなイメージを、何の根拠もなく無批判的に思い描いてしまってはいないでしょうか。

彼らは基本的に一神教たるキリスト教思想をしっかり理解したうえで、日本の伝統的な重層的神仏信仰をきっぱりと否定し、その結果、キリシタンに改宗したと見ることが、はたして正しい歴史認識であるといえるのかということです。この問題を少しでも明らかにするには、改宗という記述の中身が問われねばなりません。また受洗後もどれほど継続的な宗教教育がなされ、信仰の質的変化、深化といったことがあったのか否かというようなことにも、容易ではありませんが、目を向けねばなりません。ただし、筆者もその立場なのですが、教義的にはともあれ、実際的にはかならずしもキリスト教は一神教ではないと見るならば、理解の枠組みの根本的な見直しを迫られることになります。

この後、カクレキリシタンの姿を明らかにしながら、日本人のキリスト教理解と受容について考えていきたいと思います。

目次

Ⅲ　信仰の実像

挿図目次

カクレキリシタンとは何か

一　どのような宗教と見られているのか

カクレキリシタン信仰とはどのような宗教なのかという問いに答える前に、カクレキリシタンと聞いたとき、多くの人たちはどのようなイメージを持っているのかということに触れたほうがいいでしょう。

一昨日（二〇一一年〈平成二三〉一一月二日）も関東からK新聞社の記者の方が長崎純心大学の私の研究室を突然訪ねてこられました。その方は長崎に数年赴任していたことがあり、キリシタン神社として有名な外海の黒崎の枯松神社（図1）の境内で、カクレキリシタンとカトリックの関係者の方々が毎年共同して行う、今年で一二年目を迎える「枯松神社祭」を一度は取材報道したいと考えていたそうです。今回その願いが叶って、一面全面を使って紹介する企画を立てたので、一一月三日に行わ

図１　長崎市外海の黒崎のキリシタン神社として有名な枯松神社

れる枯松神社祭の取材の前に、いろいろと話を伺っておきたいとのことでした。

取材の目的を尋ねると、江戸時代を通して今日まで守り通してきた隠れキリシタンの人々の信仰の強さの秘密はどこにあるのか、枯松神社は江戸時代のいつ頃建てられたのか、なぜ今でもキリシタンでありながら神社にお参りに行くのかなどについて知りたいということでした。そこで、枯松神社についての具体的な話はこれから現地でいろいろな方に取材することになるだろうと思われたので、私は二時間余り、江戸時代から現在に至るまでの日本の、とくに弾圧によって潜伏したキリシタン民衆層が、宣教師が一人もいない異常な状況の中で、キリスト教について何をどの程度まで理解できていたのかということについて話しました。

キリシタンの歴史について書かれた本やテレビや新聞などを通じた隠れキリシタンの紹介は、判で押したように決まって、「命がけで弾圧を耐え忍び、仏教や神道を隠れ蓑として、今日まで信仰を守り通してきたのです」と表現されています。しかし、彼らは自分たちの本当の信仰はキリシタンのみであり、仏教や神道は弾圧を避けるための隠れ蓑にすぎないと理解できていたのでしょうか。本書ではこのテーマを考えていきたいと思います。

二　今も隠れ続けているのか

カトリックとカクレキリシタンのジョイントで行われる外海の黒崎の枯松神社祭は、神社の境内でテレビのカメラや観光客などの前で毎年公然と行われています。それよりも驚かされるのは、カクレキリシタンの島として最も有名な、生月島《いきつきじま》の壱部《いちぶ》や山田地区の現役信徒の方々五人が、西洋音楽史研究の権威・立教大学の皆川達夫先生の企画により、一九七七年（昭和五二）に初めて東京国立劇場の舞台でカクレキリシタンのオラショ（キリシタンの祈り）を一般公開しています。その後も、東京国立劇場では数回オラショの公演が行われました。またNHK長崎放送局は一九九六年（平成八）一一月、生月のカクレの方々を長崎市の駅前にある中町教会に招いてオラショの公演会を行い、翌年の元日にはNHKBS2で世界中にオラショを唱える姿を流しました。生月町立博物館内では毎年一回、館に展示されたカクレキリシタンの神様に対して、島内の信徒の方々がオラショを唱える姿を一般公開しています。

このような事実からも、彼らには隠れてキリシタンの信仰を守るという意識はありません。しかし、五島や外海などでは今でもカクレの行事には関係者以外は絶対に立ち会わせないとか、カクレの神様は絶対に見せないという人もいることは確かです。ただ、これはキリシタンの信仰を秘密にするために隠しているのではありません。今ではどこの誰がカクレキリシタンかということはわかっていることですし、それが発覚してもべつに何ら不都合なことがあるわけもないので、隠さねばならない理由がそもそもないのです。

誰にも見せないのは、ご先祖様から他人には絶対に見せてはならないと厳しく言われてきたからなのですが、カクレの神様は他人に見られるのを嫌う神様だからとか、他人に見られたら効き目がなくなる神様なのでと言う人もいます。今まで誰にも見せないようにして守ってきたものを、今さら見世物のように人目にさらしてしまえば価値がなくなると言う人もいます。生月ではケガレ観がことのほか強く、赤不浄（血のケガレ）や黒不浄（死のケガレ）などによるカクレの神様のタタリを恐れて見せないのです。

カクレキリシタンは自分たちがキリシタンであることを隠すために、仏教徒や神道の氏子を装って隠れているのではなく、カクレキリシタンの神様を誰かに見せたりすれば災い（タタリ）があるかもしれないとか、拝んでも効き目がなくなることを恐れて隠しているのです。厳密にいえば、彼らはキリシタンであることを隠している「隠れキリシタン」ではなく、ご神体を他人には見せない「隠しキリシタン」であるというのが本当の姿なのです。この考え方はカクレキリシタン独特のものではなく、神道の世界ではごく当たり前のことで、その慣習を模倣したにすぎないのです。

何を隠しているのかということは問題ではありません。何かを隠しているという秘密性、そのこと自体に意味があるのです。お経の文句もはっきりと意味がわかったのではかえってありがたみがありません。見てはならぬ、触れてはならぬというタブーが一層私たちを引きつけるのではないでしょうか。隠されたものは覗きたくなるのが人間の心理です。

三　今でもキリスト教徒なのか

彼らは今でもキリスト教徒なのでしょうか。この問いに答えるには、その前に一つ考えておかねばならない難しい問題があります。どんな人をキリスト教徒と呼んでいいのか、認めていいのかという問題です。それは洗礼を受けた人のことでしょうか。それならば生月島山田地区のカクレの人たちは戦後誰一人として受けた人はいないので、キリスト教徒とは呼べません。では、結婚のために仕方なく洗礼は受けたけど、その後、ほとんど教会へ行ったこともないようなカトリックの人の場合はどう考えたらいいのでしょうか。

キリスト教徒と呼べるのは、キリストだけを神様と信じている人のこと？　クリスマスにツリーを飾り、ミサに参加しケーキを食べる人？　毎週日曜日に教会に行く人？　朝晩祈り（オラショ）を唱える熱心で敬虔な人のこと？　困った人を助けてあげ、ボランティア活動に熱心な人？　考え出すと、これはとてつもなく難しい問題なのです。

ともあれ、多くの日本人が信じている不思議なことがあります。ザビエルの日本布教開始後半世紀余りのうちに四〇万人前後のキリシタン改宗者が生まれたといわれています（江戸幕府が開かれた当時の日本の総人口は一〇〇〇万人程度と見なされています）。この数字を聞いた人のほとんどが、日本に四〇万人の敬虔なクリスチャンが生まれたと、何となく頭の中で勝手にイメージを作り上げてしまってはいないでしょうか。

日本人はキリスト教に接し、洗礼を受ける前までは、信仰の程度の差はあれ、仏教徒であり神道の氏子であったわけです。後で詳しく述べたいと思いますが、一六世紀の中頃から一七世紀初頭（戦国末期から江戸初期）にかけての混乱した時代にあって、どれほどキリスト教についての正しい教えに接する機会を持つことができたでしょうか。たとえその機会があったとしても、伝統的な日本の神仏信仰が根底から誤りであり、仏壇や神棚を焼き捨てて、心からキリシタンに改宗する以外に魂の救いはないなどと信じることができた人が、はたしてどれほどいたでしょうか。唯一絶対なる神の存在を説くキリスト教に改宗するということは、仏壇や位牌も焼き捨て、その他あらゆる日本の諸神仏は偽りの神として否定するということにほかなりません。

ご先祖様をこれほど大切にする日本人が、そんなに簡単に仏壇や位牌を焼き捨てることができたはずがありません。筆者は高山右近のような一部の例外的な人物を除けば、日本人の中で本当の（一神教としての）キリスト教信仰を理解し、実践することができた人はほとんどいなかったのではなかろうかと考えています。

ヨーロッパからやってきた宣教師のもとで洗礼を受けた多くの日本人は、神のために命を捧げて殉教するほどの敬虔な信徒たちであったと、私たちは頭から思い込んでしまってはいないでしょうか。ましてや一七世紀の中頃から日本には一人の宣教師もいなくなりました。そのような状況下で、幕末まで二三〇年以上にわたってその信仰は正しく伝承され、仏教や神道はキリシタン信仰を守るための隠れ蓑にすぎないとはっきり自覚できていたというようなことは、とうてい正しい歴史認識とは考えられません。

結論として、「今でもカクレキリシタンはキリスト教徒といえるのか」という質問自体が誤った認識の上に立ってなされたものであるといえます。洗礼を受けたその当初からして、正しくキリスト教を理解することができた日本人がどれほどいたでしょうか。こういえば、もしキリシタンの教えを理解していなかったというなら、なぜあのようにたくさんの殉教者が出たのかという質問がすぐに出てくることでしょう。

四　キリストやマリアのために殉教したのか

日本のキリスト教の歴史の中で、殉教という出来事はもっとも細心の注意を払ってその意味を見ていかねばならないものといっていいでしょう。殉教という事件の華々しさに目を奪われ、これまで多くのキリシタン史研究者をはじめ、マスコミの人たちもキリシタンは何のために、誰のために一つしかない大切な命を捧げたのかという根本的な命題に正面から向き合ってこなかったといえます。

厳しい弾圧にも耐え続け、一途に信仰を守り通した殉教者の気高い精神に深く心を打たれ、その哀しいロマンの物語にひたりたいのでしょうか。近年各地で盛んに殉教祭や巡礼が企画され、キリスト教徒ではない一般の旅行者も多数殉教地跡を巡るツアーに参加し、いわゆるヒーリングブームに乗って心の癒やしの旅を楽しんでいるようです。

そのこと自体は何の問題もないのですが、「ロマンの物語」というところに問題があります。「物語」はあくまでフィクションです。歴史はフィクションであってはなりません。カクレキリシタンの歴史には、たしかに隠れ、隠してきた一面があるだけに、なかなか実像というものが今日まで明らかにされることはありませんでした。それは研究者の責任でもあったでしょうが、実像に迫るよりも、ロマンティックな幻想のほうを多くの人々が求めたからでもあるでしょう。筆者は実像を求めてこれまで研究を重ねてきましたが、その実像のほうもなかなか捨てたものではありません。

キリシタン殉教者は何のために、誰のために命を捧げたのか。キリシタンの殉教者なのだからキリストのため以外にあるはずがない。これほど自明なことはないと思われるかもしれません。今日までキリシタン史の実像の解明がこれほどまでに遅れ、現在もロマンティックな幻想のベールに覆われ続けている主たる原因はこの「殉教」にあるのです。長く厳しい潜伏時代を通して、彼らが文字どおり命がけで自分たちの信仰を守り通したことは間違いのない事実です。ただ問題なのは、キリシタン殉教者たちが命を捧げたのは、本当にキリストやマリアのためだったのかということです。このポイントをしっかりと確認することなく、それこそ一つの信仰のように、そうであってほしい、そうに違いないと思い込んできたことによって、これまでキリシタン史の実像はベールに覆われ続けてきたのです。

五　なぜ教会に戻らないのか

ここまで読んでこられた方はもうよくおわかりと思いますが、カクレキリシタンは隠れているのでもなければ、キリスト教徒でもなく、キリスト教的雰囲気を醸し出す衣をまとった典型的な日本の民俗宗教の一つといっていいでしょう。キリシタン伝来以前の日本の伝統的なありがたい神仏信仰の上に、さらにパワフルな効き目のあるキリシタンという新たな神様が助っ人として加わったというのが実態だったのです。

四五〇年前、多くの日本人がキリシタンの洗礼を受けたとはいえ、それまで日本にはまったくなかった、神は一つというキリスト教の教えを信じ、神仏信仰を完全に否定した人はほとんどいなかったでしょう。ましてや二三〇年間の長い潜伏の時代に、信徒を正しい教えに導く役目を負った宣教師はただの一人も存在せず、その教えについて記した書物も手にすることはできなかったのです。

そのような状況下で、キリスト教のみが唯一の正しい宗教であり、仏教や神道はキリシタン信仰を隠れて守り続けるための隠れ蓑にすぎないと、しっかり認識し、使い分けができた人がはたしてどれだけいたでしょうか。そのうえ、潜伏時代になると、文字が読める知識人たる武士層はほとんど棄教するか一部は殉教し、潜伏キリシタンとして残っていたのは、主として九州を中心とする辺境の地に住む農業や漁業に従事する一般の民衆層だったのです。

一八七三年（明治六）にキリシタン禁教令が取り下げられ、キリスト教が自由になり、さらに一四〇年余りの歳月が流れましたが、その間に日本の社会と宗教意識に大きな変化があったことは言をまちません。もしキリスト教徒であるという自覚が少しでもあったのなら、明治以降もカクレキリシタンを続けた人たちの中からカトリックに戻る人が出てきてもよさそうですが、特殊なケースを除いて、カクレをやめた後、カトリックには戻っていません。キリスト教徒であるという意識がないからです。

彼らは仏様や神様や先祖伝来のキリシタンの神様など、たくさんのありがたい神仏を、ごく普通の日本人と同じように拝んできただけなのです。

もし今の日本の仏教徒に対して、あなた方は仏教徒なんだから、葬式と年忌のときにだけお寺に行き、彼岸とお盆に墓参りしてご先祖様を供養するだけではなく、お釈迦様が仰ったように厳しい修行を行い、五戒を守り、一切の煩悩を捨て、悟りを開くために、なぜ本当の仏教であるインドの原始仏教の精神に戻らないのですか、と問うたら、何と答えるでしょうか。現在の日本の仏教徒は日本仏教徒なのであって、けっして本来の原始仏教徒と同じではありません。現在のカクレキリシタンもご先祖様を大切にし、さまざまな神仏を拝み、タタリを恐れるカクレキリシタン宗徒であって、カトリックではないのです。

カクレキリシタンにとって大切なのは、先祖が伝えてきたものを、たとえ意味は理解できなくなってしまっても、それを絶やすことなく継承していくことなのです。それがキリスト教の神に対してというのではなく、先祖に対する子孫としての最大の務めと考えていることから、カクレはキリスト教徒ではなく祖先崇拝教徒と呼んだほうが実態にふさわしいのです。

「なぜカトリックに戻らないのか」、このテーマはカクレキリシタンが現存するということを知った人がまず最初に頭に思い浮かべる典型的な問いです。本書の読者の皆さんも同じ疑問を抱き、その答えを本書のどこかで見つけることを期待してはいないでしょうか。この問いが発せられる意識の根底には、カクレキリシタンは今でもキリスト教徒であるというイメージが大前提となっています。もしカクレキリシタンがキリスト教徒でないならば、この問い自体が意味をなさないからです。

ここでは一応、彼らがカトリックに戻らないいくつかの理由を次のように説明しておきましょう。

1　カクレキリシタンの信仰の根本は、先祖が命をかけて守り伝えてきたことを、たとえその意味はわからなくなってしまっても、忠実に絶やすことなく継承していくことにあり、その継承された信仰形態を守り続けていくことそのものが、先祖に対する最大の供養になると考えているからです。この理由はカクレキリシタンとしては最もオフィシャルな、そして彼らの信仰意識の顕在化された部分から出てくる最も的を射た回答といえるでしょう。

2　宗教は個人的なものでもありますが、一方ではきわめて社会的なものでもあります。それゆえ、カクレをやめて他の宗教に替わりたくても、従来からの人間関係を良好に保っていくためには簡単なことではありません。仕方がないと皆が認めるような理由があれば可能かもしれませんが、そうでない場合は役職者たちを中心とした集団的な選択に従わざるをえません。伝統的に狭い範囲でのカクレ同士の通婚が一般的であったので、地縁、血縁関係がきわめて強いことも自由な選択が難しい理由の一つです。

3　カクレキリシタンの役職者はその集団の中においてきわめて高い地位を有しており、カトリックに改宗すればただの信徒となり、何らメリットがありません。生月島のカクレの最高の役職であるオヤジ役を経験したある人は、町長よりも偉いと豪語していました。たしかに宗教的な集まりにおいては町長よりも上位にあるのは間違いありません。五島ではカトリックは経済的な負担がかなり大きいので、もしカクレを解散するようなことになれば、いちばん安上がりな神道に行くという声も多く聞きました。

4　潜伏時代にカクレであることを、知らぬふりをして助けてくれた仏教に対して大きな恩義があるので、仏教と縁を切ることはできないといいます。カクレは江戸時代から檀那寺を持ち、仏壇には位牌を祀り、仏教式の墓を作り、ごく当たり前の仏教徒としての日常生活を今日まで営んできたのですから仏教に対して違和感などまったくないのです。むしろ、カトリックのほうが明治になって入ってきたものであり、カトリックの司祭と個人的な接触はあったとしても、宗教的に両者が接触を持つような場面はありませんでした。

5　生月島で七〇年以上カクレキリシタンの最高の役職を務めてきた故大岡留一氏は、「カクレにはさまざまな不思議な奇跡のようなことがあり、たしかにカクレの神様はいるので、もう自分たちはそれだけで満足してこのカクレの神様を捨てるとか、カクレをやめてカトリックになどということは考えられない」と言っていました。この言葉は、カクレの神様が実在するという生き生きとした信仰が根付いていることを示しています。その奇跡のような出来事とは第八—二で触れる中江の島の御水採りの奇跡のことです。

いろいろとカクレキリシタンを止められない理由をあげてきましたが、1の先祖の教えを忠実に守っていくというのが、外向けのオフィシャルな答えとすれば、「カクレをやめたり、カクレの神様を捨てたりすればタタリが怖いのでやめられない」というのが本当の理由かもしれません。このポイントは第八―五で詳しく説明することにします。

カクレがカトリックに戻らない理由は多岐にわたり、社会的、経済的、歴史的なものもさりながら、重要なのは祖先崇拝、奇跡信仰、タタリ信仰です。それらの中でも祖先崇拝は意識化されたもの、奇跡信仰は意識と無意識の中間的なもの、タタリ信仰はおそらく彼ら自身ですら気づいていない無意識の世界にあります。共通するのは、不思議な力を有する霊的存在への生き生きとした信仰です。

ここでカクレキリシタンを次のように定義しておきたいと思います。

「カクレキリシタンとは、明治六年に禁教令が実質的に撤廃され、信仰の自由が認められたにもかかわらず、カトリック教会とは明確に一線を画し、禁教下の潜伏時代を通して先祖代々受け継いできた信仰形態を今に伝えている人々をいう。その組織、運営形態は宮座、頭屋制に酷似し、オラショや行事など儀礼面では今でもある程度までキリシタン的要素を残しているが、三七〇年余にわたる指導者不在によって教義的側面はほとんど忘却され、日本の諸宗教に普遍的にみられる重層信仰、祖先崇拝、現世利益的な性格を強く取り込み、キリスト教とは全く異なった日本の民俗信仰となっている」

I　カクレキリシタン誕生

生月島壱部岳の下御前様

第一　日本人とキリスト教の出会い

一　カトリックはなぜ日本にやってきたのか

ひとくちにキリスト教といっても、大別すれば、ローマ教皇を頂点とする単一の組織であるカトリックと、四世紀頃ローマ・カトリック教会から分離した東方正教会、カトリック教会を批判して分離独立し、その後無数の宗派に分派したプロテスタントという三つの大きな流れに分かれています。

一五一七年ルターの宗教改革によって、ヨーロッパのキリスト教の世界は従来のカトリックと、新興勢力であるプロテスタントに二分されてしまいました。プロテスタントは主としてスイス、ドイツ、オランダ、イングランドなどに広まり、カトリックは南欧のイタリア、フランス、スペイン、ポルトガルなどに勢力を維持しました。

そのような対立の中で、一五三四年イグナチウス・デ・ロヨラやフランシスコ・ザビエルなど、七名の同志がパリのモンマルトルの丘の上で、イエズス会という修道会を創立させ、ローマ教皇の命に対する絶対的な服従を誓いました。一五四〇年ローマ教皇より正式に修道会として認可を受け、ヨーロッパの中でのカトリックの失地挽回のために、イエズス会は遠く海外への布教事業に着手することになったのです。

当時スペインとポルトガルのカトリック両国は、大航海時代という新たな世界史の大きな転換期の潮流の中で、マゼランの手で船による世界一周が成し遂げられ、南蛮船による新大陸の発見と海外貿易の拡張という一大事業に乗り出していました。この流れの中で、ローマ教皇と熱心な両カトリック国王は手を組んで、新たに発見された土地の植民地化と原住民のカトリック改宗事業を強力に展開しました。これがパドロアド制度と呼ばれたものです。

こうしてポルトガルはイエズス会とともにアフリカ―インド―東南アジア―中国・日本と貿易・布教事業を展開し、スペインはフランシスコ会・ドミニコ会・アウグスチノ会とともに中南米―東南アジアと歩を進めました。現在もメキシコ以南の中南米諸国がすべてスペイン語を話し、カトリックであるのはその当時の影響がそのまま残っているからです。ブラジルだけは例外的にポルトガル語を話しますが、もちろんカトリック国です。こうして中国と日本にはポルトガル国王によって派遣されたイエズス会が一足先に上陸し、中国はマテオ・リッチによって、日本はフランシスコ・ザビエルによってカトリックの布教が開始されることになったのです。

二　日本人はキリスト教をどう理解したのか

インドや東南アジアにおけるカトリック布教の最前線に立ったイエズス会のザビエルは、マラッカで薩摩出身の武士アンジロウ（ヤジロウ）と知己を得て日本布教に大きな関心を抱き、日本の案内者兼通訳として伴い、一五四九年（天文一八）鹿児島に上陸しました。ザビエルは薩摩の領主島津貴久に謁見し、布教の許可を得ましたが、キリシタンの教えを日本人に対して布教するためには、どうしても日本語への翻訳という作業を避けて通るわけにはいきませんでした。

ザビエルは少しポルトガル語を理解することができたアンジロウに、聖書や祈りの文句を翻訳させました。しかし、キリスト教の専門用語は仏教用語を用いて翻訳するしかありませんでした。たとえば、「キリシタンの教え」のことは「キリシタン仏法」、天国を意味する「パライゾ（paraiso）」は「極楽」、キリスト教の唯一絶対なる神「デウス（Deus）」は、仏教の諸仏の中でもっとも宇宙を司る性格を持つ「大日如来」と翻訳しました。ザビエルが黒い僧服を着て、「キリシタン仏法」を大切に思い、街頭で「大日如来」を拝めと説教したということは、仏教の布教をしていたことになります。のちにザビエルは山口で「大日を拝んではならない」と反対の説教をすることになります。

日本全国の布教許可を得るために、天皇に謁見しようと都にのぼったザビエルは、都の荒廃ぶりを見て、その当時小京都と呼ばれて栄えていた山口に行きました。そこで、領主大内義隆から布教許可を得、さらに教会を建てるために廃寺となっていた大道寺までもらいうけました。そのときの書状に、ザビエル一行のことが「西域より来朝の僧」と書かれてあり、キリシタンは西域からやってきた「天竺宗」という新たな仏教の一派と認識されていたようです。その後、このような悲喜劇を繰り返さないために、翻訳すると原意が誤解されるような言葉は、原語であるラテン語やポルトガル語をそのまま用いることにしました。日本語があまり理解できない初期のキリシタン宣教師たちは、どうやって目に見えない抽象的な神の概念を日本人に理解してもらうことができたのでしょうか。

翻訳をして「大日を拝め」と言えば仏様を拝めということになり、原語を用いて「デウスを拝め」と言えば、デウスとは何か、仏様とどう違うのか、納得がいくように説明せねばなりません。仏様を偽りの神として捨てさせ、キリシタンに改宗させるには、仏教に対する深い理解が必要となってきます。異なる文化、異なる思想、異なる宗教といった抽象性の高い問題について、相互理解をし合う際、その当時、言語の壁というものがどれほど高い障壁となったかは想像に難くありません。

このように言うと、ただちにキリシタン版と呼ばれるハイレベルの翻訳書が当時多数刊行されたと反論されるかもしれません。有名なものに一五九二年（文録元）天草で刊行されたローマ字本のキリシタン教義書『ドチリイナ・キリシタン』や『おらしょの飜譯《ほんやく》』（キリシタンの祈りの文句を翻訳したもの）、『日葡辞書』（日本語—ポルトガル語の辞書）などがありますが、出版部数は二〇〇〜三〇〇部からせいぜい一五〇〇部、あるいは二〇〇〇部程度であったといわれています。

これらの本を手にすることができた人、手にしても理解することができた人がはたしてどれほどいたでしょうか。今、日本の大学のゼミでテキスト本として使用したとしても、学生たちは注釈が付されたものを読んで、やっとわかる程度のものです。最低の義務教育制度もなかった当時の農民や漁師など、一般民衆の人々はいったいキリスト教の何を、どの程度まで理解し、厳しい弾圧にも耐え、命をかけてキリシタンの信仰を守り通したというのでしょうか。

三　キリシタンが急速に増えたのはなぜか

日本におけるキリシタンの布教事業をになったイエズス会は、新たな土地において布教を行う際の基本方針を二つ定めました。一つ目は、できるだけ早く信徒を増やすために、量的拡大を最優先し、質的深化は改宗後の課題としました。まずは洗礼を授けて信徒となし、その後、時間をかけて少しずつ質を深めていくという方針をとりました。

もう一つは、上層から下層への改宗を基本方針としました。その当時の日本のような武士階級を頂点とする身分制度の厳しい社会においては、まずは武士、それも大名のようなトップを改宗させることができれば、一族郎党、家臣団、領民などは容易に短期間に改宗させることが可能と考えたからでした。

この二つの布教方針は功を奏し、天草久種・大村純忠・有馬晴信・大友義鎮・高山右近ら代表的なキリシタン大名の領内では、家臣団、領民はほとんどキリシタンとなりました。領主は自分の領国の住民をすべてキリシタンとすべく、家臣団や領民はもちろん、仏僧に対してもキリシタンへの改宗を進め、拒む者は領内から追放し、寺を没収して教会として宣教師に与えました。その最大の動機は、高山右近のような例外を除けば、ほとんど南蛮貿易のような経済的・政治的な関心からでした。

ここで、日本で最初に洗礼を受けてキリシタン大名となった大村純忠と、その領内のことを例に挙げて説明することにします。一五六三年（永禄六）純忠は現在の長崎県西彼杵半島の西海市にある横瀬浦で受洗し、その後、三カ月間に家臣団二三〇〇人が受洗しました。翌年領内が安定すると、純忠は全領内がキリシタン化することを望み、家臣団に改宗を強制し、改宗を拒んだ仏僧を領内から追い出し、寺院をことごとく破壊しました。

一五七四年（天正二）から七六年にかけて、大村領内で三年間に三万五〇〇〇人が改宗しました。一五七五年には七カ月間に一万七〇〇〇人から一万八〇〇〇人が改宗し、すべての寺が破壊され、四〇から五〇の寺の仏僧約二〇〇人がキリシタンに転宗しました。領内では神社仏閣が破壊された後、六万人の全家臣がキリシタンとなり、一五八五年には八七の教会が存在したそうです。

なぜ純忠がこれほどまでに領内のキリシタン化に躍起になったかといえば、弱小戦国大名として生き残るには、キリシタンとの密接なつながりを有することによって、南蛮船が自分の領内に来てくれ、莫大な経済的利益を得て軍費を賄う必要があったからです。日本における布教活動が順調に進んでいるかどうかを視察するために派遣されたイエズス会の宣教師ヴァリニャーノは、「日本人は領主たちの命令によって改宗を行ったのである。そして領主たちは、ポルトガル船から期待される収益の為に、彼らに改宗を命じたのである」（ヴァリニャーノ著　松田毅一他訳『日本巡察記』平凡社）とはっきりキリシタンに改宗した動機を本国に報告しています。

また一五七八年大村に赴任し、その後、三六年間の長きにわたって大村領内のキリシタンたちの世話をした、アフォンソ・デ・ルセナ神父の回想録にも「私が大村に来る二、三年前にこの殿は全民衆にキリシタンになること、もしそれを希望しないならこの領内を出て行くことを通知し、命令した。それだから私が大村に来たときにはすでに全領民がキリシタンであった。しかし彼らはキリシタンの諸事についてはただ洗礼を受けるのに必要なこと以外には何も知らなかった」（ヨゼフ・フランツ・シュッテ編　佐久間正他訳『大村キリシタン史料—アフォンソ・デ・ルセナの回想録』キリシタン文化研究シリーズ一二、キリシタン文化研究会）と書き記されています。

ザビエル渡来以後、一〇年間のキリシタン改宗者は約六〇〇〇人、二〇年後の一五六九年（永録一二）には約二万人、三〇年後の七九年には一三万人に増大していました。もっとも信徒数が増大したといわれる五〇年後の一六〇一年（慶長六）頃には約三〇万人、一五四九年（天文一八）から一六三〇年代初期までの八〇年間の改宗者数は、累計で七六万人に達するといわれています。最新の人口統計学によれば、江戸時代初期の日本の総人口は一〇〇〇万人に満たなかったそうですから、江戸初期のキリシタン（カトリック）の人口比率は総人口の約三％程度だったといえます。

四　豊臣秀吉はなぜバテレン追放令を発布したのか

一五八二年（天正一〇）キリシタンの保護者であった信長が本能寺の変で非業の死を遂げましたが、彼の後継者秀吉もキリシタンに対しては好意的な態度を示しました。一五八六年に秀吉は大坂城にイエズス会管区長コエリヨ神父、オルガンチーノ神父はじめ、八人の神父と修道士、日本人同宿一五人を引見し、自ら大坂城内を案内し、天守閣で歓待しました。

謁見後、秀吉はコエリヨ神父と二人だけで会談し、朝鮮、中国、南蛮諸国を征服する計画を示し、ポルトガルから軍船二隻の購入と航海士の雇い入れについて斡旋を依頼したそうです。見返りとして、中国征服のあかつきには中国各地に教会を建て、キリスト教に帰依するよう命じ、日本の半分ないし大部分をキリシタンとするべきであると、キリシタンに対してきわめて好意的な態度を示したことが記されています。

一五八七年七月二四日、秀吉は筑前の筥崎に陣を構えていましたが、島津氏の降伏によって九州の平定が実現し、ついに全国の統一がなされました。しかし、まさに青天の霹靂、天下統一のその日の夜、秀吉は熱心なキリシタン大名であった高山右近を改易処分にし、宣教師の国外退去を命じた、有名なバテレン(宣教師)追放令を発布しました。

秀吉がなぜ突然態度を急変させたかという理由については諸説ありますが、翌一五八八年大村純忠がイエズス会に寄進した長崎・茂木の港町と、キリシタン大名有馬晴信の領地であった浦上を天領として没収したところを見れば、軍費調達が最大の目的ではなかったろうかと考えられます。

一五八六年フィリピンからメキシコへ向かっていたサン・フェリペ号が台風のために四国の土佐に漂着しましたが、朝鮮出兵のために財政が逼迫していた秀吉は、その船に宣教師が乗船していたことを口実にして、莫大な船の積荷を没収しました。さらにキリシタン弾圧のパフォーマンスとして京都、大坂地方にいたキリシタンのリーダーたち二四人を京、大坂、堺の市中で引き回し、長崎へ送りました。途中で二人が加わり、一五九七年(慶長二)二月五日、長崎西坂で十字架刑に処しました。これが日本二六聖人の殉教です。

秀吉によるバテレン追放令も二六聖人殉教事件も、いずれもキリシタンに対する本来の宗教的な理由による迫害弾圧というよりは、軍費の調達の口実として利用された政治性の強いものだったというのが真相といっていいでしょう。

五　家康はなぜ禁教令を出したのか

二六聖人殉教の翌年秀吉は他界し、豊臣と徳川の後継者争いが起こりました。熱心な仏教徒であった東軍の家康方が勝利を収め、キリシタンの多かった西軍は窮地に立たされました。一六〇三年（慶長八）江戸幕府が開かれますが、当初、幕府の政治体制は不安定であったので、家康はキリシタンに対する態度を保留していました。幕府にとって政権を維持していくうえで、二重の意味でキリシタンは危険な存在でした。徳川に反抗したのは、キリシタンに好意的であった石田三成をはじめ、その多くは西国の諸大名であり、キリシタンは西国に広く根付いていたからです。また東洋におけるキリシタン布教活動を推進していたのは当時世界最強のスペイン・ポルトガルでした。もし西国のキリシタン大名とスペイン・ポルトガルが手を結んで徳川に対抗したらどうなっていたでしょうか。

ちょうどその頃、世界史の流れも大きな転換期を迎え、カトリック国のスペインとポルトガルは、プロテスタントのイギリスとオランダに海外における覇権を奪われつつありました。一六〇〇年豊後の臼杵湾に漂着したオランダ船リーフデ号の航海長イギリス人ウィリアム・アダムズ（William Adams 一五六四―一六二〇）は、家康に三浦按針という名前をもらい、幕府の外交顧問として厚遇されました。一六〇九年オランダが平戸に商館を設立し、一三年にはイギリス東インド会社貿易船司令官ジョン・セーリス（John Saris 一五七九頃―一六四三）が来航して平戸イギリス商館を設立しました。

カトリック国のポルトガルとスペインは貿易活動と布教活動を一体として推進しましたが、イギリスとオランダは貿易のためだけに日本にやってきました。こうして幕府は安心してポルトガルとスペイン勢力を日本から一掃し、イギリス・オランダと貿易を行うことが可能になり、政権安定の妨げになるキリシタンを本格的に弾圧し一掃することができるようになったのです。

一六一四年幕府は全国的なキリシタン禁教令と、宣教師および有力な信徒の国外追放令を出しました。ここに以後二百数十年に及ぶ江戸幕府の徹底したキリシタン弾圧の幕が本格的に開かれることになりました。一六二三年（元和九）家光が第三代将軍となり、彼の治世下で幕府の諸制度は完備され、キリシタン弾圧も徹底的に組織化されました。それまではキリシタン弾圧は西九州を中心に、宣教師の摘発に重点が置かれていましたが、一般市民に対する取り締まりも全国的に強化されていきました。

外交上も大きな変化が見られ、イギリス東インド会社が東南アジアでオランダとの競争に敗れ、インド経営に専念することとなりました。一六二三年平戸イギリス商館は閉鎖され、日本から撤退しました。翌年には幕府はスペインと国交断絶し、対外貿易を一手ににない危険なキリシタンを排斥するために鎖国体制を固めていきました。

一六三七年天草・島原の乱が勃発しました。島原、天草の領民の大部分はキリシタンでした。一揆の総大将天草（益田）四郎時貞（一六二三／二四―三八）は三万数千人の農民とともに原城に立て籠もりましたが、翌年には一揆側の農民はすべて首を斬られて殺されました。幕府はキリシタンの危険性を強調し、キリシタン禁教の徹底と鎖国体制の推進を図ることで幕藩体制を強化しようとしたのです。こうして一六三九年（寛永一六）にはポルトガル船の来航も禁じられ、鎖国体制は完成しました。一六四一年には平戸のオランダ商館は長崎に新しく作られた人口の島出島に移転させられました。

六　殉教者は何に対して命を捧げたのか

一六一二年（慶長一七）にはまず天領におけるキリシタン禁教令が出され、一四年には全国に徹底したキリシタン禁教令が施行されました。日本中の教会や修道院はすべて破壊され、宣教師たちや有力なキリシタン大名高山右近、内藤徳庵とその家族、内藤ジュリアと一五人の修道女を含む総勢三五〇人以上の人々がマカオとマニラに分けて追放されました。

当時日本に滞在していたイエズス会員一一五人中八九人、フランシスコ会員一〇人中四人、ドミニコ会員九人中二人、アウグスチノ会員三人中二人、教区司祭七人中二人が追放されています。その他の宣教師たちは、日本の各地に分散して潜伏しました。しかし、追放された宣教師たちは禁教令下の日本に再潜入しました。一六一五年（元和元）から四三年（寛永二〇）の間に日本に戻ってきた宣教師は一〇一人に上っていますが、その多くは各地で捕らえられ、一部の棄教者を除いて殉教を遂げています（五野井隆史『日本キリスト教史』吉川弘文館）。

一六一四年から約三〇年間は日本におけるもっとも迫害の厳しい時期でした。主なものを挙げると、一六一四年有馬地方で四四人が殉教し、一九年には京都で五二人が火あぶりとなっています。一六二二年には再び長崎の西坂で五五人（火刑二五人、斬首三〇人）が殉教し、二三年には江戸で五〇人が火刑に処せられています。一六二七年雲仙では温泉の熱湯をかけられて一六人が殉教しています。

キリシタン史の初期から明治時代にキリスト教が解禁されるまで、殉教者の数は殉教の状況、場所、氏名が明らかなものだけでも四〇四五人を数え、記録に残らない多数の殉教者の数まで入れると延べ四万人に上るといわれています。この数字の中には天草・島原の乱で殺されたような人たちは、殉教者の条件に当てはまらないので含まれていません。三〇〇年余りの長い期間とはいえ、四万人という数はけっして少なくはありません。

この殉教者四万人という数が、キリシタンの歴史に対する客観的な見方を狂わせているようです。これだけの数の殉教者が出たからには、その背後には殉教者と同じように、殉教も辞さない強い信仰を持った信徒たちが何万人、何十万人も存在したに違いないと連想するのも無理からぬことだからです。

先述したように、日本におけるキリシタン改宗者の大部分は、経済的な利益への関心から改宗したキリシタン大名による強制的な集団改宗によって生まれました。それらの人々が伝統的な神仏信仰とキリシタン信仰の差異をしっかりと理解し、殉教するほどの強い明確なキリシタン信仰を有したという客観的な資料を示すことはできません。命をかけるほどその信仰に熱心でなければ殉教にまで至ることはないであろうという状況証拠だけで、熱心なキリシタンであったに違いないと想像し、断定してきたのではないでしょうか。

多数の殉教者が出たということは紛れもない歴史的事実で、何かに対して命までかけるような強い信念を有した人々が少なからず存在したことは確かです。しかし、それらの殉教者たちがいったい何のために、誰のために命を捧げたのかということは確認する必要があります。キリシタン殉教者という名称だけで、キリストのために命を捧げたと断定することはできません。

キリシタンの歴史、その中でももっとも人々の耳目を集めやすいのは、華々しい殉教者の記録です。殉教録の多くは外国人の宣教師の手によって書かれ、ポルトガルやスペインなどの本国に送られたものです。当然、その記録には、自分たちの布教の成果として、日本のキリシタン信徒や同僚の宣教師たちが厳しい迫害、拷問にも屈せず、雄々しく信仰のために命を捧げたと感動的に記しています。彼らがキリストのために命を捧げたと考えたのは無理もないことでした。しかし、この問題は日本キリシタン史理解の急所の一つです。殉教者たちが何に対して命を捧げたのか、客観的に問い直しをする作業は不可欠です。宣教師と深い交流のあった、高山右近のようなごく一部の例外的な身分の高い武士層を除けば、一般民衆層はほとんど日本の伝統的な諸宗教の教えと、キリシタンの教えの差異をはっきりと理解できていたとは考えられません。

まずヨーロッパから日本布教にやってきた宣教師たちですが、ことに一六一四年、宣教師の国外退去が命じられたにもかかわらず日本に残留し、また一度は国外退去した後、再び迫害下の日本に潜入した宣教師たちの目的は、日本信徒の世話をするためでしたが、個人的には死を恐れずというよりは、むしろ殉教したくてそのような行為に及んだ確信犯といってもいいでしょう。なぜその当時の宣教師たちは殉教したがったのか。それは殉教者は一〇〇％天国への道が約束されていたからです。

現代の私たちにとっては、定かではない来世のために命を捧げるのは容易なことではありません。しかし、その当時の人々にとっては、天国は目の前に見えるほど確かで魅力的なものだったのです。そこへ確実に行けるのなら、命など喜んで投げ出したのです。一例を挙げれば、一六二二年長崎の西坂で五五人が処刑された、元和《げんな》の大殉教の中心人物イエズス会のカルロ・スピノラ神父などは、その典型的な人物でした。世界中のどこに行けば殉教者となる確率が高いかということを考えて、迫害が厳しい日本布教を志願したほどでした（ファービオ・アンブロージオ・スピノラ著　宮崎賢太郎訳『カルロ・スピノラ伝』キリシタン文化研究会）。

次は日本人のケースですが、肥前国大村藩領主大村純忠を皮切りに、多くのキリシタン大名が誕生しました。その領内では家臣団および領民の集団改宗現象が見られました。武士が最終的に神仏に頼るのは、戦場における命がけの戦の時です。「勝負は時の運」「天我に味方す」「運を天に任せて」という言葉に示されるように、勝敗は最後は運とか天とかいうような超自然的な力に左右されると信じられ、出陣前には戦勝・武運長久を武神たる八幡大菩薩や摩利支天などに祈願しました。ポルトガル人によってもたらされた鉄砲は驚異的な力を発揮しました。同時にもたらされたキリスト教の神も、鉄砲同様大いなる力を有する新しい戦の神として武士を引きつけたと思われます。

領主がキリシタンとなり、家臣たちもキリシタンに改宗することを迫られたとき、家臣たちにさほど抵抗感はなかったのではないかと思われます。彼らの目には、キリシタンはこれまで接したことのない、まったく新しい、来世における魂の救いを中心とする絶対的一神教としてではなく、慣れ親しんできた日本の従来の神仏よりもより一層強力な、南蛮渡りの何でも願いを叶えてくれそうな頼りがいある助っ人として受け止められたからです。

キリシタンとなる以前には、神符、教典の一節、神仏の小さな像などをお守りとして身に着けて出陣していましたが、受洗後は代わりに十字架、メダイ、ロザリオ、聖遺物、聖人の名や聖書の一句などを書いた御札などを護身符として、それらを熱心に宣教師に求めました。宣教師たちはこれを熱心なキリシタンとなった証しと見なしましたが、それはキリシタン風の衣を新たに身にまとったにすぎず、衣の下の呪術的、現世利益的な信仰の本質は何ら変わることなくそのまま残っていたのです。首から十字架をかけ、あるいは十字の印を刻んだ兜や刀の鍔を着けて出陣すれば、敬虔なキリシタンと見えたことでしょう。しかし、お守りを身に着けていれば鉄砲の弾は当たらず、勝利を収めて無事生還できるであろうという日本人の伝統的な呪術的信仰には何の変化もなかったのです。

キリシタン弾圧が始まり、いったん受け入れた新しい神を今度は捨てよと言われたとき、武士として簡単に捨てるわけにはいきませんでした。キリシタンを捨てなければ殺されるからといって、死を恐れて神を捨ててしまう行為は、武士にあるまじき卑怯な振る舞いであり、命より大切な武士としての名誉を失い、恥辱を受けることになってしまうからです。キリストのためではなく武士としての己の名誉を守るための道を選んだのです。

農民や漁師などの民衆層は、武士や知識人層でキリシタンとなった人たちよりも、さらにキリシタンの教えについての理解は不十分であったことは言うに及びません。彼らは領主の命に従い、キリシタンがいかなるものか十分にわからないままで受洗したとはいえ、それは意味のない行為であったわけではなく、彼らなりにキリシタンの神に対して求めたものはあったはずです。でなければ、のちの殉教の理由が説明できません。

キリシタン側も、府内（大分）でのルイス・デ・アルメイダ神父の貧民のための医療活動や、長崎におけるミゼリコルディアの組の社会救済活動など、主として救貧活動と治病活動を通して民衆の救済に努め、大きな足跡を残しています。宣教師が布教に赴いたところでは多くの奇跡による信仰治療が施され、多数の人々が救われたという記録が残されています。たとえば聖水やロザリオ、十字架・十字の印や聖遺物、称名やオラショなどによって悪魔祓いが行われ、奇跡的に病が治り救われたというものですが、それは巫女や山伏や陰陽師などによって行われていた加持祈禱や呪術といった習俗と変わるところがありません。

キリシタンに改宗するためには仏像、仏壇、位牌、数珠、御札、お守りなどを捨てねばなりませんでしたが、洗礼を受けたとたん、彼らは宣教師に対して、それらにとって代わるキリシタンの奇跡を起こす呪術的な信仰対象を求めました。これまでも述べてきたように、日本人は目新しいキリシタン風の衣をまといはしましたが、その下にある現世利益を求める呪術信仰という性格にはほとんど変化はなかったといってよいでしょう。キリシタンに改宗した民衆も、このようなありがたいキリシタンの神をいただいたわけですから、それを捨てろと言われても簡単には捨てられなくなったわけです（宮崎賢太郎『日本人はキリスト教をどのように受容したか』所収「日本人のキリスト教受容とその理解」国際日本文化研究所叢書一七）。

第二―四、五で詳しく述べますが、幕末の一八五六年（安政三）には「浦上三番崩れ」、六七年（慶応三）には「浦上四番崩れ」、六八年（明治元）には「浦上信徒流配事件」「五島崩れ」と続いて殉教事件が起こっています。この幕末から明治初期にかけての殉教事件は、キリシタン時代や潜伏時代の殉教とは少し事情が異なっています。

一八五八年（安政五）日本は各国と修好通商条約を結び開国し、翌年パリ外国宣教会のジラール神父が開国後初めて横浜に上陸しました。その後、フューレ神父、プチジャン神父をはじめ、次々にフランス人宣教師が国を捨て、命を捨てる覚悟で、開国後の日本のキリシタンのためにやってきました。そして生涯独身を通しながら日本人信徒のためにその一生を捧げました。武士の時代に主君と家臣の間に成立した命がけの「御恩と奉公」の関係が、新たに宣教師と信徒の間に生まれました。フランスからやってきた白人の宣教師たちが、名もない貧しい虐げられた民である自分たちのためにすべてをなげうって活動してくれているのだから、その御恩に報いるためには命がけの奉公をしなければと考えるのは日本人として自然な感情です。宣教師たちに喜んでもらえるにはどうすればいいのか。それは宣教師の教えや指導に忠実に従い、熱心で敬虔な信徒の姿勢、態度を見せることです。

幕末のキリシタンの復活以後、殉教事件に示された日本人信徒の強い信仰心がどこから生まれたのかは、前述した宣教師と信徒との間に生じた「御恩と奉公」論理によって説明されうるでしょう。フランス人司祭に再会し、忘れていた唯一絶対なる神への信仰を突如思い出して殉教したというよりは、目の前で命がけで自分たちのために働いてくれている、慈父たる宣教師たちへの、子としての命がけの報恩行為であったと理解するのが自然です。

五島や外海や天草などの田舎の老婦人が、教会の中の光射すステンドグラスのそばで、あるいは地平線に沈みゆく夕陽の見えるキリシタン墓地で、白いベールをかぶり、手を合わせ、天を見つめるような眼差しでひたすら祈っている姿が、敬虔なクリスチャンの姿の象徴として、写真集や雑誌や新聞記事などにしばしば掲載されていますが、どのようなことを頭に思い描きながら、祈りを捧げていたのでしょうか。

外部から見た人たちは、敬虔なクリスチャンだから、イエス様やマリア様や天国のこと以外にはありえないと思うかもしれません。しかし、実際には、高等教育に接する機会の少なかった一般のカトリック信徒たちが、宣教師の説く三位一体の神について、原罪や贖罪、七つの秘跡、死後の審判や救済などといった教えをどれほど理解できたことでしょうか。信仰は単に理解の問題ではありません。神のために命を捧げるに至るには、その人の生き方のもっとも深い部分にまで関わっていなければなりません。

フランス人宣教師に接して教えを受けたとしても、きわめて短期日のうちに教義を理解し、心の中までその教えが浸透していくのは、一部の例外的な人物のケースを除けば、容易ではありません。彼らが頭に思い浮かべ、敬虔な祈りを捧げているのは、目に見えない抽象的な神や死後の世界ではなく、すべてをなげうって自分たちのために働いてくれている宣教師の姿ではないでしょうか。日本人が仏壇にご飯やお茶をお供えして手を合わせて祈るとき、頭の中に思い描いているのは、神である仏陀や菩薩や観音様などではなくて、実際はほとんどの人がご先祖様や、孫や子供といった家族のことというのと同じ論理です。

プール学院大学短期大学部の中村博武氏は、浦上教徒流配事件で流配された信徒を説諭した者が抱いた共通する疑問は、「キリスト教の教えのために流罪にまで甘んじた者が、肝心の教えをほとんど知らない」という不可解さにあるといっています。浦上の信徒が棄教しなかった外的要因は、村全体で隠し続けてきた共同体の強い精神的絆が断絶しないようにするためであり、内的要因としては、もし棄教すれば、先祖代々隠れて守り伝えてきた祖先や家族との信仰の結びつきが断ち切られることになり、信仰共同体から仲間外れにされることへの恐れであったと推測しています。浦上キリシタンの信仰は、神に対してではなく、宣教師や親族、知己との具体的人間関係に基づいた感恩―報恩にあり、祖先や親族への生死を越えた強い情的一体感にあったと結論づけています（中村博武『宣教と受容　明治期キリスト教の基礎的研究』思文閣）。

第二　潜伏キリシタンとカクレキリシタンの発生

一　なぜ隠れるようになったのか

一六一四年（慶長一九）キリシタンに対する徹底した禁教令が発布され、その後、迫害・殉教期と呼ばれる短期間に多数の殉教者を出す厳しい弾圧が行われました。これによってキリシタン大名たちは、高山右近のような一部の例外を除けば、棄教してしまいました。もともと南蛮貿易の利益という経済的な目的で受洗したのですから、幕府が禁教政策を明らかにし、長崎における一元的貿易支配体制を強化し、鎖国政策を進めた以上、キリシタン大名であることは何ら貿易上のプラスにはならなくなってしまったからです。

著名な九州の三キリシタン大名の息子たちは揃って棄教し、江戸幕府への忠誠心を示すために、反対に積極的に領内のキリシタン信徒の迫害に力を入れたのでした。バルトロメオ大村純忠の息子サンチョ喜前《よしあき》は、一六〇二年加藤清正の勧めもあってキリシタンを捨てて日蓮宗に改宗し、領内における弾圧を開始しました。プロタジオ有馬晴信の息子ミゲル直純《なおずみ》は、一六一〇年キリシタンの妻マルタ（キリシタン大名小西行長の姪）を離縁し、家康の養女国姫を正室としています。同年より有馬領内における徹底した厳しいキリシタン弾圧を実行し、その後、日向延岡に転封されています。フランシスコ大友宗麟の息子コンスタンチノ義統《よしむね》は、一五八七年受洗しましたが、わずか二カ月後に出された豊臣秀吉のバテレン追放令によって棄教しています。

キリシタン大名によって民衆層は集団改宗を余儀なくされましたが、今度は逆に集団棄教を迫られました。幕府は禁教令を実行に移すにあたって、まずは武士層の棄教に力を入れました。それに伴って民衆層の集団棄教は自動的に進むと考えたからです。しかし、このときにキリシタンをやめなかった人たちもいました。どれほどの人々が棄教したのか、しなかったのか、その比率はどうであったかなど、明らかにする資料はほとんど存在しません。

幕府はキリシタン禁教政策を徹底するためにさまざまな手段を講じました。訴人褒賞制といって、キリシタンを訴え出た者には多額の賞金を出す制度を作り、五戸を単位とした五人組を組織して相互にキリシタンの監視をさせました。キリストやマリア像を足で踏ませて信者かどうかを試す絵踏も幕末まで毎年実施されました。それらの中でも一六三五年（寛永一二）から全国的に実施された寺請《てらうけ》制度はもっとも効果がありました。日本人はかならずどこかの寺の檀家となることが強制されました。

葬式も自分たちで勝手に行うことは許されず、かならず自分の寺の僧侶を呼んで仏式で行わねばなりませんでした。またその当時は、神仏混淆ですから、神社へも参拝し、氏子としての義務も果たさねばなりませんでした。

キリシタン信仰だけで生きていくことは不可能となり、年に一度は踏絵を踏まねばなりませんでした。キリシタンであることを隠し、寺の檀徒として、神社の氏子として生きていくほかありませんでした。しかし、従来いわれてきた「潜伏したキリシタンたちは仏教を隠れ蓑として、秘かにキリシタンの信仰を守り通してきたのでした」という解釈が、はたしてキリシタンの歴史の真の姿であったのかどうか、その問いに答えるのが本書の一つの目的です。

二　潜伏キリシタンとカクレ（隠れ）キリシタン

これまで日本のキリシタンの歴史について書かれた本の多くが、「潜伏キリシタン」と「隠れキリシタン」の区別をしていません。迫害が厳しくなって信仰を隠さねばならなくなった一六四〇年（寛永一七）前後から、現在に至るまで、一貫して同じ「隠れキリシタン」という名前で呼ぶのが通例です。しかし、考えてみると、その間には三七〇年もの長い年月が流れています。江戸初期の迫害によって隠れねばならなかった人々と、隠れる必要のまったくないこの平成に生きる人々を、同じ隠れキリシタンという名称で呼んできたことによって、大きな誤解と混乱がもたらされてきました。

たとえば、「最近どこそこで、隠れキリシタンの墓が発見されました」という新聞記事が出たとき、その墓は島原の乱頃の非常に古いものかもしれません。あるいは幕末の頃のものかもしれません。あるいは戦後のものかもしれません。少なくとも、江戸時代の隠さねば命に関わった時代のものなのか、一八七三年（明治六）キリシタン禁教の高札が撤廃されて、事実上キリスト教が解禁になってからのものなのかくらいは区別される必要があります。

そこで、筆者はキリシタン禁教令が出されていた江戸時代の信徒を「潜伏キリシタン」、一八七三年禁教令が撤廃された後も潜伏時代の信仰形態を続けている人々をカクレキリシタン（なぜ漢字の隠れではなく片仮名のカクレと表記するかは、のちほど第二―三で説明します）と呼んで区別することを提唱しています。区別する必要はないと考える人は、隠れキリシタンとは、江戸初期から現代に至るまで、変わることなく隠れてキリシタンの信仰を守り続けてきたと理解しているのでしょうか。

一六一四年（慶長一九）、本格的なキリシタンに対する迫害が開始され、宣教師を中心とする殉教事件が多数起こりました。ことに外国人宣教師は目につきやすいので、長年にわたって秘かに日本に留まることは不可能でした。一六四四年（正保元）には最後まで国内に生き残っていた、ただ一人のイエズス会宣教師小西マンショも大坂で殉教しました。

このとき以来、一八五九年（安政六）にカトリックのパリミッション会のジラール神父が日本に再渡来するまで、日本にはキリシタン宣教師は不在となりました。指導者を失った日本のキリシタンは信徒だけになってしまったわけです。一六六四年（寛文四）全国化した寺請制度の施行後は、すべての日本人はどこかの寺の檀徒とならねばならず、民衆は奉公、旅行、婚姻、死亡、出生、移住、離婚などの際、かならずどこの寺の信徒であるかを示す寺請証文（宗旨手形）を必要としました。仏教と無関係に、また自分が住んでいる土地の神社との関係を拒んで、キリシタンとしてのみ生きていくことはできなかったわけです。

このような状態を説明した、「キリシタンは仏教を隠れ蓑として、江戸幕府の厳しい弾圧にも耐え、幕末にカトリックの宣教師が再渡来するまで、その信仰を命がけで守り通してきたのです」という有名なキャッチフレーズはそこかしこに目にすることができます。しかし、この点はたいへん重要なポイントなので、再度確認しておきたいのですが、隠れキリシタンと呼ばれる人々が、「何か大切なものを命がけで守り通した」というのは事実ですが、その大切に守り通してきたものが、本当にキリシタン信仰であったのかどうかということは、しっかりと確かめる必要があります。キリシタンと呼ばれていたのだから、その教えを信じていたに違いないとは必ずしもいえません。

潜伏時代のキリシタン信徒たちは、本当にこれまでいわれてきたように、仏教や神道は生き延びていくための隠れ蓑で、本当の自分たちの宗教はキリシタンのみであるとしっかり認識できていたのでしょうか。結論を先に述べるならば、キリシタンの教えに触れ、日本の伝統的な神仏信仰との違いをいくらかでも理解できたかもしれない武士や知識人階級は、そのほとんどがこの頃までには殉教するか、棄教してしまっていました。潜伏時代の大多数を占める民衆層には、その違いが理解できるほどキリシタンの教えに接する機会はありませんでした。彼らにとって、神仏信仰は隠れ蓑などではなく、父祖伝来のありがたい宗教であり、簡単に捨てられるようなものではありません。その上に新たに伝来したキリシタンの神様も大いに効き目ある、ありがたいものとして加えられたというのが実態であったといってよいでしょう。

三　表記法について

前節で潜伏キリシタンとカクレ（隠れ）キリシタンの呼称の使い分けを提唱しましたが、カクレ（隠れ）キリシタンという呼び方もベストとはいえません。歴史的に自分たちの宗教のことをカクレキリシタンと称した人は誰もいないからです。キリシタンのことは外部には隠してきたわけですから、第三者が聞いてすぐにそれとわかるような呼び方はしませんでした。キリシタン信仰はきわめて狭い限られた地縁血縁的組織内でのみ伝承されてきたのですから、自分たちの宗教の名前を他の人前でことさら口にする必要はなかったのです。

実際には外海で用いられた、「あっち（仏教徒）」と「こっち（カクレ）」や、五島で用いられる「元《もと》帳《ちょう》」「古帳《ふるちょう》」、平戸の「辻の神様」といったような言い方がされた程度であったといってよいでしょう。「離れキリシタン」は明治のキリシタン復活期にカトリック側の者が用いたもので、カクレの人々を正統なカトリックから離れてしまった者たちという意識のもとで呼んだ差別的造語です。「納戸神」という呼び方も広く用いられていますが、これはカクレキリシタン研究の開拓者田北耕也が一般的な民俗学用語をそのまま援用したものです。

おそらく研究者がカクレキリシタン集落に入り込むようになった昭和初期頃からと思われますが、「古《ふる》キリシタン」「旧《きゅう》キリシタン」「昔《むかし》キリシタン」などという自称も用いられています。しかし、すすべての地域に共通する内部者間の名前はありませんでした。しだいに世間に知られるようになると、外部者にとっても統一的な呼び方が必要となりました。現在、内部者にも外部者にも一般的に用いられているのが「カクレ（隠れ）キリシタン」という名称です。この名称は外部者が勝手につけたもので、けっして最適な名前とはいえませんが、今となっては一定の市民権を得ており、他によりふさわしい呼び方も見当たらない現状では、この呼称を用いるのも致し方ありません。

しかし、まだそれをどう表記したらいいかという問題が残っています。日本語には漢字—平仮名—片仮名と三種類の書き方があり、KAKURE-KIRISHITANは二文節からなるので、書き方の組み合わせは九通り存在します。最もポピュラーな組み合わせは、片岡弥吉、松田毅一などが用いた「かくれキリシタン」、古野清人、五野井隆史などが用いた「隠れキリシタン」、遠藤周作をはじめとする小説家がよく使用する「隠れ切支丹」などです。

ポルトガル語のキリシタン（christão）に漢字を当てた「切支丹」は江戸時代において用いられた歴史的当て字であり、明治以降のカクレキリシタンには不適切です。漢字の「隠れ」は表意文字であり、今でも隠れているという誤った印象を与え続けかねません。欧語の「キリシタン」は片仮名で、「かくれ」は平仮名書きして、「かくれキリシタン」と平仮名と片仮名をつなげて一語を作るのもまた不自然です。現在、隠れてもいなければキリスト教徒とも見なすことのできない彼らの信仰のあり方に即して表記するならば、表意文字でない音のみを示す片仮名の「カクレキリシタン」という表記法が最善といえるでしょう。

四　潜伏時代に迫害はなかったのか

日本のキリシタン史の中で、もっとも迫害が厳しかったのは、一六一四年（慶長一九）に大禁教令が発布されてから、最後まで信徒の世話をしていた宣教師小西マンショが殉教した四四年（正保元）頃までで、迫害と殉教の時代と呼ばれています。しかし、殉教した人の数からいえば、じつはその後の潜伏時代のほうがむしろ多いのです。

それは潜伏時代に入っていくつもの「崩れ」と呼ばれる事件が起きたことによります。崩れとは、密告によって、父祖伝来のキリシタンの神を拝む人々が集団的に存在することが露見し、取り調べの結果、一網打尽的に捕らえられ処分された事件のことをいいます。

主なものだけでも一六五七年（明暦三）長崎の「大村郡《こおり》崩れ」では六〇八人が捕縛され、そのうち四一一人が斬罪、牢死者七八人、永牢二〇人となっています。一六六〇年（万治三）の「豊後崩れ」では、二二〇人が捕縛され、死罪五七人、牢死者五九人を数えています。一六六一年（寛文元）に発生した「濃尾崩れ」では六五年に二〇七人、六七年に七五六人、六九年に三三人が処刑されています。長崎の浦上では一七九〇年（寛政二）、一八三九年（天保一〇）と密告事件がありましたが、このときは証拠不十分で全員釈放されています。

一八〇五年（文化二）の「天草崩れ」では、なんと、四カ村五〇〇〇人余りがキリシタンであることが発覚しましたが、あまりの数の多さにキリシタンとしては扱えず、心得違いの異宗徒として踏絵を行い、改心誓詞を差し出させて無罪赦免となっています。

幕末、一八五六年（安政三）には再び長崎の浦上で「浦上三番崩れ」が起こり、帳方吉蔵以下多くの指導者層が捕らえられ、拷問を受けて牢死、追放処分を受けています。一八六七年（慶応三）の「浦上四番崩れ」に連座した浦上キリシタンの処分は明治政府に受け継がれ、浦上一村三四〇〇人余りが西日本各地に流罪となりました。一八七三年（明治六）キリシタン禁令が解かれて帰村しますが、その間に六〇〇人余りが死亡しています。

五　潜伏時代の浦上キリシタンの信仰

ここでは「浦上一番崩れ」(『日本庶民生活史料集成　第一八巻　民間宗教』所収「浦上異宗徒一件」三一書房)と「天草崩れ」(古野清人『古野清人著作集五　キリシタニズムの比較研究』所収「文化年間における天草のキリシタン」三一書房)に関する取り調べ史料を通して、潜伏時代の彼らの信仰の姿を垣間見てみましょう。長崎、天草はキリシタン時代初期より潜伏時代に入るまで、もっとも長期間にわたって宣教師の指導を直接に受け、両地ともコレジオが置かれ、また住民のほとんどがキリシタンに改宗した地域であったので、日本でもっとも深くキリシタンの教育が浸透した土地柄といえます。

浦上一番崩れは八八体の石仏を建てるための寄進を浦上村民の多くが拒否し、庄屋の訴えによって一九人が捕らえられましたが、取り調べの結果、キリシタンの証拠不十分として放免された事件です。浦上の潜伏キリシタンの間にはいろいろと変わった風習が伝えられていました。法事のときには仏教徒の用いない魚を使用し、納棺のときには髪の毛を剃らず、赤い手ぬぐいを後ろ前にしてかぶせました。墓石は建てず、平石を据えるだけで、法名などもつけませんでした。またお盆のときに精霊舟流しをしない家もありました。毎年絵踏が行われましたが、終わった後に踏んだ足を洗い、その水を飲んだという記録もあります。

この記録だけを見るとはっきりと仏教を否定していたのではないかと思われますが、それでは逆にはっきりとキリシタンの神についてわかって拝んでいたのでしょうか。浦上では金属製、石製、焼物の仏像のようなものや書画が信仰の対象とされていました。十字架やメダイのような一見してキリシタンとわかるようなものは、隠したか処分してしまったのでしょうか、ほとんど見られません。

彼らが拝んでいたものについて、調書の中からいくつか紹介してみます。

①「大村領北村七兵衛と申すものヲンメサマと申す人を私へ見せ申し候間、いか様なる物に候哉と訳合ひ相尋ね候処、ヲンメサマと申す人と申し、是を戴き候へば宜き事これ有段申し候。絵踏の様に御座候品にて御座候」

②酒屋の七太郎は「私儀八ケ年ほど以前旅僧に勧められ、吉事宗一ケ年ほど信仰仕り候共、よろしき事も御座なく打捨て申し候。商家にては利有佛と唱へ、百姓にてはみのり佛と唱へ申し候」

③「私所持の佛は親代より持ち伝へにて聖徳太子と承り伝へ申し候」

④「親より譲りこれ有り候佛を念じ候より外覚へ之なく候。名は存知申さず候。阿弥陀か何か存知申さず候」

①では、ヲンメサマという踏絵のようなもので、これを拝めばよいことがあるといわれていると答えています。②では、旅の僧から勧められ一年ほど拝んでみたがあまり効き目もないのでやめてしま

ったそうで、商人は「利有佛《りうず》」、百姓は「みのり佛」と呼んでいたそうです。「りうず」は神を意味するラテン語の「デウス」からきたと思われますが、デウスの意味がわからなくなり、利有《りうず》という日本語として解釈されるようになったのでしょう。③は「聖徳太子」の像として代々伝えられてきた、④は先祖代々伝えられてきたというだけで、名前すら何というのかわからないと証言しています。

浦上の潜伏キリシタンたちが神の像を拝む目的は、「是を戴き候へば宜き事これ有り候」に尽きるようです。何という名前の神なのかすら定かではないが、先祖代々伝えられてきたありがたい神なので大切に拝んできたというのが実態です。

六　天草の潜伏キリシタンと呪物崇拝

一八〇五年（文化二）に勃発した「天草崩れ」は最大規模のキリシタン検挙事件となりましたが、キリシタンではなく「異宗徒一件」として処理され、犠牲者を出すには至りませんでした。取り調べを受けた四カ村のうちの一つ、今富村百姓紎方日記によれば、「ていうす（＝デウス）様と申すは日天と存じ奉り、毎朝天を拝み申し候」と証言しています。天草の潜伏キリシタンたちは「ていうす様」は太陽神で、「作神」であるとし、これを拝むときには「あんめんじんす、あんめんじんす、あんめんじんす（二拝し）さんとめ、さんとめ、道のさんとめ、不慮の煩、頓死の咎、悪事災難これなきやうにひとゑに願ひ奉る」と唱えていたそうです。もしそのとおりであるとすれば、まさにキリシタンというよりは、いかなる宗教なのか判然としない異宗徒と呼ぶにふさわしいものといえます。

高浜村百姓紀方日記によれば、没収された多数の信仰対象として寛永通宝のような貨幣、刀の目貫、鏡なども多数含まれており、これにキリシタン風の名前をつけて拝んでいたそうです。銭一文をデイウス様とかアンメンゼンス丸ヤ殿、大黒天をサンタ丸ヤ、西行法師の人形をクルキ様、目貫をジュワン様、丸鏡をマルヤ様といった具合です。古野清人は前掲書の中で「秘蔵の異仏、異具に神仏が乗り移っていると信じて礼拝していた、一種の呪物崇拝者、象徴信仰者であった」と論じています。

高浜村の百姓伝平の後家たつ外三人の者が認めた以下の口上書（一八〇五年〈文化二〉）に、天草の潜伏キリシタンたちの信仰のありのままの姿が如実に示されています。

「私共旦那寺宗門の外、家々仕来たりを取り行い候儀にて、マルヤと申す佛を信仰仕り候ども、悪事災難を除き、無病息災にて作物等宜しく、来世は親子兄弟一同宜しき所に生れ、安楽の身と成り候由承り伝え、内密に信仰仕り佛を拝み候節はアンメンジンスの唱え候迄にて、委細の訳は相弁え申さず候」

簡単に説明すると、お寺にお世話になるほかに、マルヤという先祖伝来の仏様も拝んできましたが、招福除災、無病息災、豊作満足、死後は親子兄弟一緒のところで安楽な来世を送ることができると聞かされてきました。そこで秘かにマルヤ様を信仰してきましたが、拝むときにただアンメンジンスと唱えるだけで、それ以上の詳しいことは何も知らなかったということです。典型的な日本人の現世利益信仰が挙げられ、加えて死後の世界のことに触れられていますが、これはキリシタンのパライゾ（天国）と無理に結びつけることはなく、ごく自然に、あの世では親子兄弟巡り合い、楽しく暮らしたいという民衆の素朴な心情と解してよいでしょう。

同口上書にはさらに興味深い記述が続いています。マルヤという仏様を拝んでも、しだいに不幸せになり、異仏（キリシタン仏）を信仰したための罰ではないかと考え、信仰すれば幸せになれると聞いた仏教の準提観音《じゅんていかんのん》（六観音の一つで、除災、延命、安産、子授けによいといわれている）を祀り、また村の坊さんから血脈《けちみゃく》（仏教で師から弟子に正法を伝える系譜を記した文書で、死後、棺に納める）を授かり、熱心に仏教を信仰すれば幸せになるかもしれないと思い、五年ほど前から異法（キリシタン）はやめたということです。

別の口上書には、ジョアン七兵衛が五島に漁に出ていたとき、博打に負け、「アンメンゼンス丸ヤ様」と唱えれば勝つと教えられ、そのときは少し勝ったが、その後、あまりいいこともなかったので、自然にやめてしまったと書かれています。また、ジュワン市兵衛は十文字判（洗礼）を受けたところ、その後、息子が長患いし、神仏の罰かと思い準提観音を授かり、五、六年前からキリシタンはやめているという記録もあります。

現世利益を求め、勧められた教えを受け入れ、それが叶えられない場合には容易に離れ、さらに悪い状況に陥れば神仏のタタリかと恐れる民衆の素朴な信心の姿をよく示しています。現代人が既成の宗教によっては救いを得られず、さまざまな宗教を渡り歩くのとさほど変わりはありません。このような潜伏キリシタンの信仰のありようを見ると、「仏教を隠れ蓑とし、厳しい弾圧に耐え、唯一絶対の神を信仰するキリシタンの教えを守り通した」という従来の歴史観は訂正を迫られざるをえません。（拙稿「日本人のキリスト教受容とその理解」『日本人はキリスト教をどのように受容したか』所収）

七　唯一のキリシタン教義書『天地始之事』

潜伏時代のキリシタン信徒の宗教的生活のありさまを明らかにするような記録、資料というものは残念ながらほとんど残されていません。潜伏時代はキリシタン信徒が指導者を失い、自分たちだけで信仰を継承していった時期で、二三〇年間、江戸幕府のキリシタン弾圧政策は一貫して全国的に徹底的に施行されたために、ことに信徒側の直接的な記録は皆無に近いのです。むしろ、キリシタン時代から伝えられてきた文書や信心用具の類は、発見されればキリシタンであることの証拠として摘発される危険があったので、そのほとんどが自主的に処分されたものと思われます。潜伏時代の様子を窺うことのできる資料は、その時代に時折勃発した、「崩れ」事件に関するキリシタン取り締まり側の取調記録です。

そのような状況の中で、唯一例外といってもいいような、潜伏時代にキリシタン信徒の手によって書き残されたものと思われる貴重な文書として、長崎県の外海、五島地方からのみ発見されている、『天地始之事』（図2）と呼ばれる写本が一〇本余り存在しています。その中でももっとも古いものは一八二七年（文政一〇）のものですが、ほとんどは明治、大正年間のものです。

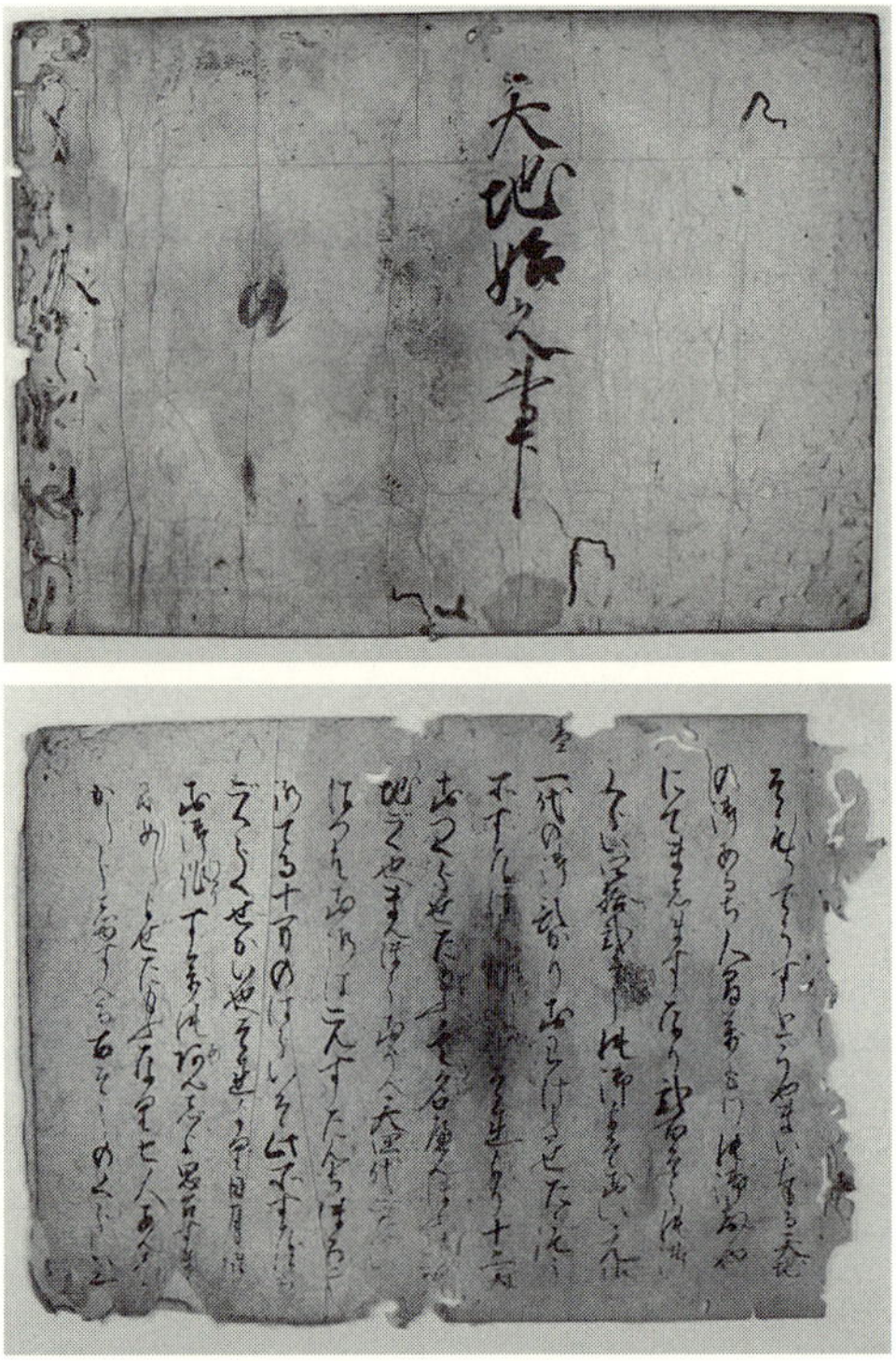

図2　『天地始之事』写本　文政12年（1829）

この写本はそのタイトルが示すように、旧約聖書の「創世記」に相当するような箇所から始まっているので、『天地始之事』という名称で呼ばれていますが、それのみならず、天地創造、天使と人間の堕落、キリストの生涯、聖母マリアのこと、世界の終末など新、旧約聖書に題材を取ったものと、キリスト教に関係のない、彼ら自身の手によって付け加えられた部分より構成されています。

その原典、成立過程、成立年代、作者などはほとんど明らかにされていません。この地方で活躍した宣教師たちによって伝えられた新、旧約聖書物語および「ロザリオの十五玄義」がもととなって、そのうえに指導者を持たぬ彼らが自由な民俗的想像力を駆使し、民間に流布していたさまざまな伝説を織り交ぜながら構成しています。本書は潜伏時代の日本のキリシタン民衆の手になる唯一のキリシタン教義書と位置づけることができるでしょう。彼らのキリスト教理解度を計るうえでもきわめて貴重な文献であることは言をまちません。（拙稿「『天地始之事』にみる潜伏キリシタンの救済観」『宗教研究』第七〇巻所収）

第三　信仰の継承とその組織

一　明治初期に残っていたのはどこか

日本で最初にキリスト教の布教が行われたのは、ザビエルの上陸地である鹿児島ですが、ザビエルはその後、平戸、山口、大分（府内）に布教の足跡を残しています。本格的な日本における布教はザビエルの後継者たちによって推進されることになりました。日本におけるキリシタン布教は主としてイエズス会の活動によって、京・大坂を中心とする五畿内地方と、長崎・熊本（天草）・大分を核とした九州地方を中心に展開されました。一七世紀に入ってフランシスコ会・ドミニコ会・アウグスチノ会が新たに日本布教に参入し、江戸・仙台を中心とする東日本にも布教が拡大されていきました。

一六一四年（慶長一九）の江戸幕府による大禁教令発布後は、仙台・米沢を中心とする奥羽地方や、蝦夷のような辺境地に信徒は新天地を求めていきました。九州では長崎（大村領）や天草を中心として、迫害が治まるのを待ちましたが、幕府の弾圧はますます激しさを増す一方で、迫害のもっとも厳しい時代を迎えました。一六四四年（正保元）、最後まで日本に生き残っていたイエズス会の小西マンショも殉教し、信徒だけとなる潜伏時代に入っていきます。

このキリシタンの迫害・殉教時代より、潜伏時代の初期に至るキリシタンの殉教者、および逮捕者を多数出した地域を一覧表にまとめたものによれば（姉崎正治「慶長（一五九六―一六一四）より寛文（一六六一―七二）に至る間キリシタン宗門者殉教並びに召捕の場所」『切支丹宗門の迫害と潜伏』同文館所収）、盛岡、延沢、山形、仙台、二本松、猪苗代、会津、白川、足尾、沼田、江戸、金沢、小松、京都、伏見、下音羽、大坂、堺、和歌山、津山、広島、高松、日出、臼杵、熊本、大村が挙げられています。東北から九州まで全国的に殉教者や逮捕者を多数出しており、キリシタンの全国的な広がりを知ることができます。

第二―四で述べたように、潜伏時代に大規模な組織の一斉摘発事件があった場所、肥前大村藩の郡村、豊後府内・臼杵藩、岡藩領、尾張領各地、天領長崎の浦上村、肥後国天草郡などに多数のキリシタンが存在していたことは明らかです。尾張を除けばすべて九州内であり、幕末にフランスのパリ外国宣教会の宣教師たちが再渡来した当時まで、日本に潜伏キリシタンが存続していたのは、九州の長崎県内と熊本県の天草島、福岡県のごく一部であったといってよいでしょう。そして、その大部分は長崎県に集中していました。

組織は解散しても、個人レベルでキリシタン遺物を保持し、オラショのいくつかを唱えることのできるような人がいたという報告がその他の地域でもいくつか見られますが、それをもって幕末までその地域にキリシタン信仰が伝え続けられていたと見なすことはできません。マリア観音を拝み、オラショの一節を唱えていたとしても、マリアがどのような神なのか（正統教義ではマリアは神ではなく人間ですが）、オラショが呪文化してどのような意味なのかわからないのでは、キリシタン信仰とはいえないからです。

明治初期まで潜伏キリシタンの組織が存続していた場所として、次の七カ所を挙げることができるでしょう。そのうち現在まで存続しているのは、わずかに④の出津・黒崎、⑤の生月島、⑦の五島列島の若松島と福江島の一部だけです。

① 福岡県久留米市近郊三井郡大刀洗村今村（現在の三井郡大刀洗町）
② 熊本県天草下島天草郡の大江、崎津、今富、高浜の四村（現在の天草市河浦町及び天草町）
③ 長崎市浦上村（現在の浦上駅周辺の淵・本原・大橋・山里・家野町一帯）
④ 長崎県西彼杵半島外海の出津・黒崎・三重・畝刈・樫山
⑤ 生月島全域（現在平戸市に編入）
⑥ 平戸島の根獅子、獅子、油水、大久保、中野、主師、白石、春日、高越、飯良
⑦ 五島列島の宇久島・小値賀島を除く全域

二　今日までどうやって続けてこられたのか

カクレキリシタンの組織は地域によって名称が異なるとはいえ、基本的にいずれの地区も次の三役によって構成されています。

a　神様をお守りし、行事を執行する役
b　洗礼を授ける役
c　行事準備・進行補佐および連絡・会計係

この三役の組織の原形はキリシタン時代のコンフラリア（confraria 組・講）に求めることができます。コンフラリアは信心講とも呼ばれ、キリシタン伝来の早い時期より信徒の間に組織されており、信徒の信心の高揚、相互扶助、ことに貧者救済などの福祉活動に大きな足跡を残しています。信心講は活動の目的に従って、さまざまな講が組織されましたが、明確な規約と組織によって運営されていました。これらの組・講はキリシタンの迫害期においては、教会組織の維持、および宣教師の支援活動の原動力となったといわれています。

潜伏時代に入り、指導者たる司祭が日本にはいなくなり、信徒だけで組織の継承を行わねばならない状況下では、これらの組・講の存在はますますその重要性を増していきました。幕末に至るまで、二百数十年間組織が存続しえた最大の要因は、まさにこの信徒によるコンフラリアの組織が存在したことにあるといっていいでしょう。

確かにコンフラリアの制度が潜伏時代に信徒組織維持のために大きな働きをなしたことは疑う余地はないと思われますが、この組織制度はキリシタン宣教師によって初めて我が国にもたらされたわけではありません。すでに一四世紀には日本でも同じような働きと構造を持つ宮座の制度が確立しており、ことに生月島のツモト制度はコンフラリアというよりはまったく頭屋そのものであり、彼らが大切にし、厳密に執り行ってきた「ツモトのお移り行事」は「頭渡し・頭受け」の制度を模倣して取り入れたことは明らかです。

aからcの三役は、長崎・外海・五島地方では「帳方（帳役）―水方（水役・看坊・向役）―取次役（聞役・宿老）」などと呼ばれ、帳方は「御帳《おちょう》」と呼ばれる教会暦をもとに、その年の主要な祝日《しゅくじつ》と障《さわ》りの日（断食の日）を繰り出しました。また帳方は自宅にマリア観音や信心用具を祀り、諸行事を行いました。水方は諸行事の中でもとりわけ大切にされてきた、洗礼の儀式を司式しました。取次役は帳方が繰り出した教会暦を末端の信徒に伝え、行事の折には帳方や、水方の補佐として供え物の膳の準備、会計係なども行いました。末端の一般信徒は「触れ下《ふれした》」と呼ばれていました。

平戸や生月地方では、aからcの三役は、それぞれ今では、「オヤジ役―オジ役―役中」と呼ばれ、役割分担はほぼ同内容です。古くはオジ役は「爺役《じいやく》」と呼ばれ、最高の役職とされていましたが、最近ではその主たる任務である洗礼の行事がほとんど行われなくなったためにその地位は低下し、呼び方も「爺役」から「オジ役」に変化していったものと考えられます。信徒組織全体は「御支配」が転訛した「ゴシヤ」とか「ゴッシャ」、あるいは「垣内《かきうち》」と呼ばれています。五島地方では「クルワ」と呼ばれていました。

長崎・外海・五島地方と平戸・生月地方のカクレキリシタン組織の大きな違いは、後者には「ツモト（宿元か）」と呼ばれるオヤジ役の自宅に祀られた「御前様」と呼ばれる神々を中心に、三役の職者たちが集まって行われる「ツモト行事」と、役中を頭とする、「小組《こぐみ》」あるいは「コンパンヤ」と呼ばれる末端信徒たちが集まって行う「小組行事」がしっかりと区別されて行われてきたことです。ツモト行事は三役を中心とする本部行事で、御前様を祀って、垣内全体の無事を願うカクレの公的行事をになっています。小組行事は末端のカクレの信徒間の相互親睦を深め、組織の固い結束を図るための機能を果たしていました。

三　教会や神父はいるのか

一六一四年（慶長一九）大禁教令が出され、日本国内にあったすべての教会や修道院など、キリシタン関連の施設はすべて破壊されました。例外として長崎にあったミゼリコルディアの病院だけは一六二一年（元和七）まで破壊を免れました。これより潜伏時代を経て、日本に再び教会が建てられるのは一八六二年（文久二）のことで、開国後初めて横浜居留地に横浜天主堂が建てられました。当時はまだ禁教令が続いていましたが、外国人居留地内での教会の建設は許されていました。残念ながら横浜天主堂は関東大震災によって倒壊し、現存する最古のカトリック教会は一八六五年（元治二）創建の長崎大浦天主堂です。

その後、一八七三年（明治六）禁教令は撤廃され、カトリックやプロテスタントの教会は数多く建てられましたが、一方、カクレキリシタンのほうでは、潜伏時代から引き続き、頭屋に相当する帳方やオヤジ役の個人の家に神様は祀られ、表立ってこれがカクレキリシタンの教会であるというような独自の建物はありませんでした。例外として、生月島の堺目《さかいめ》宗団は、信者数の減少に伴って一九八三年（昭和五八）に「堺目御堂《おどう》」を建設し、上宿《うわやど》・中宿《なかやど》・下宿《したやど》の三ツモトの御神体を合祀しました。従来の個人宅でひっそりと祀る形式を廃止し、行事があるたびに役職者がその御堂に集まる新形式をとるようになりました。これはカクレキリシタンが公然と表に姿を現し始めた象徴的な出来事でした。

その後、この「御堂形式」は生月島の元触地区でも採用されました（図3）。元触地区のカクレは、上川、辻、小場という三つのツモトに分かれていましたが、まず一九八六年上川がツモト制度を廃止し、小さなお堂を建ててそこに御前様を祀って、年に数回信徒たちがお参りする形式をとるようになりました。その後、辻も木場も解散し、上川にならってお堂を建て、御前様をそこに納め、年に三回程度有志だけでお参りしていますが、これは解散後の消滅に至る過渡的な形態といえるでしょう。

生月島の堺目御堂のように、教会的な機能を持つ建物が建てられたケースは例外的と見てよく、他にそのような形態をとるところは皆無です。基本的に潜伏時代より今日に至るまで、カクレキリシタン信仰は、帳方やオヤジ様と呼ばれる役職者の自宅に祀られたカクレの神様を中心として継承されてきたということがいえます。したがってカクレキリシタンに教会はないといっていいのです。

図3　右 小場御堂　中央 辻御堂　左の御不動様の隣に建てられたのが象徴的

一方、神父（司祭）はどうかといえば、カクレの神様を祀ることによって生計を立ててきたプロ、すなわち聖職者という立場の人もいません。二三〇年間の潜伏時代はもちろん、明治以降のカクレキリシタンの間でも神父は存在しませんでした。潜伏時代の定義そのものが、「禁教体制下、殉教によって神父が一人もいなくなり、信徒だけで信仰を継承していった時代」ということであり、カクレキリシタンの定義も、「禁教令は撤廃されたが、その後も正式なカトリックの教会には帰属せず、信徒たちだけで潜伏時代の信仰形態を続けている人々」のことを指すのですから、神父がいないのは当然です。

四　信徒として認められる条件

昭和初期から戦後にかけて、長崎県下のカクレキリシタンの調査研究を行った、主要な研究者浦川和三郎、田北耕也、古野清人、片岡弥吉らは、それぞれカクレの信徒数を浦川二万四〇〇〇人、田北三万人弱、古野二万七〇〇〇人、片岡二万人弱程度と見積もっています。ただし、誰も算定の基準を明記していません。

この人をカクレキリシタンと呼んでいいのか、そうは呼べないのか、その線引きはかなりデリケートな問題を含んでいます。わかりやすくいえば、組織自体はとっくに解散消滅していても、オラショの一つでも覚えていて、唱えさえすればカクレと呼べるのかということです。カクレキリシタンとはどのような人のことか、定義を明示しない限り、信徒数を明らかにすることはできません。先に挙げた四氏はこの点にはまったく触れることなく信徒数を挙げていますが、両者を含めてその数を算出しているように思われます。

現実問題として、近年各地で組織の崩壊は著しく進んでおり、きちんとした組織が存在していて、役職者のもとで年間の行事暦に従って信仰を続けている人々はわずかです。しかし、組織は消滅しても、個人で正月やクリスマスや先祖の命日のときなどに、自分の家でお供えをしてオラショを唱えたりしている人はまだある程度存在しています。前者だけを信徒と見なすのか、それとも後者も含めて信徒と呼びうるのか、そのあたりの線引きが難しいところです。

しかし筆者は、信徒に算入するのは、組織が現存し、その中でカクレとしての宗教的生活を行っている人々に限定すべきであると考えています。そうしなければ正確な数を把握することは実際的にほとんど不可能ですし、まず、彼ら自身、解散後自分は今でもカクレキリシタンだという人は皆無に近いと思われるからです。もともとカクレキリシタンは神仏信仰を隠れ蓑として、キリシタン信仰だけを守ってきたわけではなく、一般の日本人とどこも変わることなく、ごく普通の仏教徒として、神道の氏子としての務めも果たしてきたのであり、檀家総代や氏子総代まで務めた人も少なくありません。神仏信仰とともに、先祖代々伝わるカクレの神様も併せて拝んできたというのが実態なのです。カクレキリシタンは「仏様」と「神様」と「カクレの神様」の三位一体の神を拝んでいると考えたらわかりやすいでしょう。

カクレキリシタンの最高役職者を務めるほどの人に、あなたの中でもっとも大切な、あるいは何か大事なことがあったときに最初におすがりしたいと思うのは、どの神様ですかと問うと、たいてい仏様ですという答えが返ってきますが、それはけっして嘘ではないのです。カクレの神様だけを拝んでいるカクレキリシタンは存在しないといえば、読者の皆さんは驚かれるかもしれませんが、それがカクレキリシタン信仰のありのままの姿なのです。

五　組織存続への努力

近年、日本の社会は大都市一極集中化現象がさらに強まり、地方の時代といわれながらも田舎からは人がいなくなり、地方都市でさえ、かつては人でにぎわったアーケード街や、古いスタイルの市場では店舗が櫛の歯が抜けるように姿を消し、閉鎖に追い込まれているところも少なくはありません。ましてやカクレキリシタンが存続してきたような僻地や離島では急速な人口減に見舞われています。二〇〇五年（平成一七）生月町は平戸市に合併されましたが、一九七五年（昭和五〇）には一万人を超えていた島内人口は、三六年後の二〇一一年にはなんと約六八〇〇人に激減しています。

生月島の島民の人口がこれだけ減少すれば、当然島内のカクレキリシタンの人口も減少します。人口減少のみならず、高齢化現象も加速度的に加わり、カクレの組織を維持していくのに必要な後継者を得るのは至難の技です。

現在、カクレキリシタンは解散ブームといってもよいほど、各地で組織の崩壊が進み、九割以上がすでに消滅し、現存する組織は数えるほどしかありません。しかし、後継者がなかなか見つからないからといって、彼らは安易に解散していったわけではありません。むしろ、信じられないほどさまざまな知恵と努力を結集し、一年でも長く組織の維持を図ろうと模索しながら今日に至っているといってよいのです。そうでなければとっくの昔に完全に解散してしまっていたことでしょう。組織存続のための努力はつぶさに紹介できないほど多岐にわたっていますが、主なものだけでも箇条書きにしてみましょう。

1　年中行事削減による簡素化

生月島の壱部地区など年中行事が多く残っていたところでは、年間四〇回以上もの年中行事がありましたが、意味不明のものや、現在は実際には行われなくなったが、行事だけは残っていたものを段階的に廃止し、簡素化してきました。解散直前には年間六行事にまで削減されていました。

2　行事のお供えの料理の簡素化

カクレキリシタンをやめたいという理由の一つに、行事のたびごとにかなり手間のかかる料理を準備する仕来たりがあり、裏方の女性の間からは、もう続けてはいけないという強い声が出ていました。それを受けて、料理は大幅に簡素化され、行事の当日の朝、関係者の女性たちが集まって作っていたのを、仕出し屋に頼んですませるようなことも行われました。

3　行事日程の変更

行事の日取りは旧暦で行われてきましたが、それでは平日に行事が当たることもしばしばでした。農業関係者や隠居した人はあまり差し支えありませんでしたが、勤め人は平日の行事に参加するのは困難だったので、旧暦をやめてできる限り日曜日に行うようにしました。それに加えて、たとえば正月などのように三日も四日も連続して行事が行われる場合は、できるだけ二種類、三種類の行事を重ねて行い、一日ですませるようにもしました。

4　オラショの簡素化

生月のオラショは、正式に一通り唱えれば早口でも四〇分程度かかるほど長大なもので、それも暗記せねばならないとされてきました。このことも後継者探しを困難にした大きな原因の一つです。しだいに条件は緩和され、山田地区のように暗記しなくとも、ノートを見ながら唱えてよいとしたところや、元触地区のようにロッカンと呼ばれる、主要なオラショだけを集めて五分程度で唱えることができるように簡略化したところもありました。

5　女性を役職者として登用する

五島列島奈留島の矢神地区では、帳役—看坊（向役）—宿老という三役が揃わねば行事はできないとされてきました。さらに役職者は男性と決められていましたが、宿老役がどうしても見つからず、解散するより女性を登用してみることが試みられました。しかし、やはり、長続きはせず、結局は解散に追い込まれることになりました。

主なものはこのようなことですが、それ以外にもかなり大きな変革、譲歩が行われ、できる限りの組織の延命策が講じられてきましたが、簡素化されたことで、むしろ信仰の希薄化を招き、解散を早めてしまうという逆効果もあったことは否めません。

六　組織解散の原因

長崎県下各地の組織が解散の危機に直面してきたのは、今に始まったわけではありませんが、やはり一九七〇年代の日本の高度成長期頃からその傾向は一層顕著化していきました。現在では、一部の例外を除けば、全域にわたってほぼカクレキリシタンの組織は解散したといってよい状況にあります。端的にいえば、長崎県の周辺部に多く存在していたカクレキリシタン宗団は、若者が都会へ流出し、出稼ぎ者が増加して役職の後継者が高齢化し、次世代への引き継ぎがスムーズにいかなくなったことが最大の理由といえるでしょう。

もう少し詳しく分析すると、彼ら自身の中に、なぜ今この豊かな、そして宗教の自由が完全に認められている日本で、カクレを続けていかねばならないのかという当然の疑問が湧いてきたということです。カクレの方々は、宗教として仏教や神道も持っています。新宗教だって手近にあります。経済的な負担はあるかもしれませんが、必要なときには頼みさえすればお坊さんや神主さんは何でもやってくれます。一方、カクレキリシタンという宗教は、何でも自分たちの手で、自分たちの家で行わねばなりません。とにかく手のかかる宗教なのです。

ここは急所なのでもう少し詳しく説明します。カクレキリシタンは伝統的に人目につかないように行ってきた宗教なので、教会のように集まる場所もありません。神様は役職者の家に祀られていますが、行事のときには神様へのお供えや、宴会に必要なごちそうなども自分たちで準備し、役職者の家に集まります。行事を行っているときはもちろんですが、普段の日常生活でも昔から伝わるさまざまなタブーに取り巻かれた風習がたくさんあり、それを厳格に守らなければタタリが生ずるといわれるような、大変な難しい宗教なのです。

一例を挙げるならば、生月島のあるカクレ宗団のオヤジ様と呼ばれる最高の指導者は、毎朝自宅の祭壇に祀ってあるカクレの神様に対してお茶をあげ、仲間の信者の無事を祈ります。多いところでは年間に四〇回余りの行事を自宅で行い、その他にもいつ頼まれるかわからない洗礼や葬式や年忌供養行事、厄払い、七五三などの個人的な行事もありました。オヤジ様の家はツモトと呼ばれますが、ツモトは神様をお祀りしている家なので、行事のたびごとに自宅を集まりの場として提供し、ツモトの女性はお供え物、直会《なおらい》の宴席の準備や後片付けまでしなければなりません。

このような状態が在任期間中続くわけです。オヤジ様の任期は近年では平均三、四年でしたが、中には世襲制のところもあり、一六歳のときから九二歳で亡くなる数年前まで、七〇年以上にわたって務めたという人もいます。ということは、オヤジ様の妻も一緒に七〇年余り、毎週一回平均自宅でカクレの行事を行う裏方を務めてきたわけです。今の日本の生活環境の中では続けていくことなどとうてい考えられません。

男性であるオヤジ様の言い付けに従って女性たちが行事の維持に協力してきたからこそ、ここまで続けてくることができたといっても過言ではないでしょう。従来、話し合いの場で後継者が決まると、女性はそれに従うしかありませんでしたが、近年、女性の発言力が増し、「あなたが役を引き受けてきたら、私は実家に帰ります」というような妻も出てきて、男性も自分の一存だけで簡単に役職を引き受けることはできなくなりました。これは現代社会では当然の流れでしょうが、解散に至った大きな理由の一つに、女性の社会進出と、それに伴う発言力の増大ということがあったのは間違いのないところです。

以下、解散に至った原因をまとめてみたいと思います。

①　カクレキリシタン集落の多くは離島や僻地に残存しているが、若者は職を求めて都市部に流出し、後継者がいなくなった。

②　カクレキリシタンの教義・儀礼の意味がわからず、単なる先祖伝来の慣習化した風習を守るだけで魅力がなくなった。

③　これまで村は村民が一致団結しなければやっていけず、宗教は組織を統合していくために必要だったが、最近では家族単位で生きていくことが可能になり、宗教が集団結束の力とならなくなってきた。

④　女性に多大な負担を強いてきた男性中心のカクレキリシタン組織は、女性の社会的地位の向上に伴い、後継の役職者獲得が困難になった。
⑤　従来、宗教は労働に優先することが容認されてきたが、現代社会は仕事第一主義となり、役職者の行事参加が困難になってきた。

七　解散後はどうなるのか

カクレキリシタンの組織はこれまで強固な地縁的、血縁的な結びつきのもとで、長年にわたって継承されてきました。解散は集団レベルにおける組織の消滅を意味していますが、かならずしも個人レベルの信仰もそれに伴って消滅するとは限りません。自宅でカクレの神様を祀ってきた家では、たとえ解散しても昨日までどおり、お茶やロウソクを絶やすことはできないという人も少なくないでしょう。しかし、それも解散時まで拝み続けてきた人の代までで、代替わりすれば、個人レベルにおける信仰もほとんど消滅していきます。

解散したからといって、彼らは宗教をなくして無宗教になるわけではありません。カクレとは、隠れてキリシタンの神様だけを拝む人のことではなく、それと同時に、当たり前の仏教徒でもあり、神道の氏子でもあったことをもう一度思い出してください。カクレをやめても、変化したことといえば、家で祀ってきた仏壇、神棚、荒神棚、カクレの祭壇、お大師様、お不動様、お稲荷様などのうち、カクレの神様が姿を消しただけです。カクレをやめて仏教や神道に改宗するのではなく、彼らの信仰要素の中から、キリシタン的なものが抜け落ちていっただけであることを忘れてはいけません。

解散した後は引き続き寺の世話になるのが一般的です。寺請制度によって日本人はどこかのお寺の檀家となり、葬式・供養を行ってもらってきたわけですから、そうするのがもっとも自然な流れです。生月、平戸、外海、長崎などはほぼこのパターンです。ただ五島だけは神道にという事例がいくつか見られます。

上五島の若松町有福の餅の木のグループは一九九六年（平成八）に解散しましたが、解散時一二軒のうち八割は荒川の日枝神社の氏子に、残りは若松の浄土宗極楽寺がかりとなりました。若松町横瀬には三〇軒くらいの元帳の人たちだけで祀っている山神《やまのかみ》神社がありますが、解散したら山神神社の氏子になるといいます。奈留町前島の元帳は一九九五年に解散し、当時前島の三五世帯八三人のうち、元帳は二六世帯六三人でしたが、全員神道一本となりました。

現在の五島市の南河原《なんごら》には七クルワ二〇戸ほどありましたが、一九八七年（昭和六二）頃には一クルワ八戸だけとなり、解散したクルワの人たちはほとんど福江の八幡神社の氏子になりましたが、創価学会に改宗した人もいます。五島市半泊の帳方だったH氏は、大阪に出ていた頃はカトリックの教会に行っていましたが、五島に戻るとカトリックは厳しすぎ、八幡神社に頼めば何の義務もなく、面倒なこともないので葬式などもそこに頼むようになったそうです。

少数ですが、カトリックの洗礼を受け直したり、死ぬ前に受けようと考えている人もいます。しかし、これは純粋に宗教的な意味でカトリックに改宗してというのではなく、周りの状況から必然的にそうせざるをえないというケースがほとんどです。たとえば上五島の若松町築地の前帳役Fさんはカトリック教会のすぐそばに住んでおり、カトリック関係者との日常的な交流も深く、娘さんたちも結婚して皆カトリックになっています。Fさんは自分がカクレとして死んだら元帳式（カクレ式）の葬式をあげてくれる人もいないだろうし、カトリックの子供たちに墓のことやその後のことで迷惑をかけることになるので、死ぬ直前にカトリックの洗礼を受けるつもりだと話していました。総括的にいえば、カクレをやめた後、仏教一本となる人が約八割、神道が約二割弱程度で、新宗教という人もいくらかいますが、カトリックは一％もいないでしょう。

Ⅱ　オラショと行事

生月島堺目御堂御前様

第四　カクレキリシタンの祈り―オラショ

一　オラショとは何か

オラショとはラテン語の Oratio に由来する定型の祈りの文言で、現代のキリスト教における祈禱文に当たります。祈禱とは「罪を許してください」とか、「天国に行かせてください」とか「食べ物を与えてください」といった、人間の神への願い、思いを定型の言葉にしたものです。日本にキリスト教が初めてもたらされたキリシタン時代の当初より、原語のオラショという言葉が親しく用いられ、現在のカクレキリシタンの人々もオラショという言葉を日常的に用いています。

オラショはキリスト教が日本に伝来した当初は、ヨーロッパの宣教師たちがヨーロッパのキリスト教世界で用いられていたものを日本人に与えたもので、原語のラテン語そのままのものもあれば、日本語に翻訳されたオラショもありました。ですから、その時代のオラショはその文句も種類も日本全国ほぼ共通でした。

ところが、潜伏時代に入って宣教師がいなくなり、各地の潜伏キリシタンたちは相互連絡も不可能な状態となり、オラショの言葉の意味もわからず、暗記して唱えていくうちに一部が脱落したり、訛ったり、意味不明のラテン語やポルトガル語は日本語ではないかと誤解されたりして、原意とはかなり異なるものに変容していきました。

図4　オラショを唱えながら胸の前で十字を切る生月島壱部のオジ様　土肥栄氏

今日では長崎県下各地のカクレキリシタンの行事も数少なくなってしまいましたが、それらの行事に同席するとき、もっともキリシタンらしさを感じるのは、今でも、ラテン語やポルトガル語などの混じったオラショを朗々と唱え、十字の印を額や胸に切る姿でしょう（図4）。

生月島だけには、言葉で唱えるオラショの他に、四五〇年前にヨーロッパの宣教師が伝えた中世のグレゴリオ聖歌に由来するいくつかのメロディーが「歌オラショ」として今に歌い継がれています。むろん原曲の荘厳で清澄なメロディーはすっかり姿を消し、日本の御詠歌調となり、ラテン語の歌詞もかなり訛ってしまっていますが、聴く者の心をとらえて離さない不思議な魅力を持っています。

しかし、彼らが四五〇年余りにわたってオラショを伝承し、グレゴリオ聖歌を歌い続け、いまだにキリスト教のシンボルである十字の印を切っているからといって、彼らが信じ、守り続けてきたのはキリシタンの教えであったと見るのは早計であるといわねばなりません。

オラショの言葉は彼らの理解をはるかに越えた呪文の世界へと変容しています。彼らにとって重要なのは、先祖が大切に伝えてきたものを、子孫として絶やすことなく守り伝えていくこと、そのこと自体が大切なのです。理解できるかどうかということは問題ではないのです。今日まで彼らが何かを必死に守り伝えてきたことだけは紛れもない事実です。しかし、その守り続けてきたものは、多くの人々が疑う余地もなく当たり前として思い描いてきたような、キリストやマリアなどではなく、ケガレ―タタリ観念を基盤とする、きわめて呪術的な霊魂観念だったのです。

二　伝承のオラショと創作のオラショ

安土桃山時代に始まるキリシタン時代より、潜伏時代を経て、現在のカクレキリシタンに至るまで、キリシタン儀礼のあるところオラショが唱えられてきました。四五〇年の歴史を持つオラショは、伝承過程で文言はかなり転訛し、意味は理解できなくなり呪文化していきました。しかし、言葉の意味はわからずとも、暗記して一心に唱えること、そのこと自体に意味があると感じているようです。しかし、日本では仏僧の唱える経文の意味を理解している一般の門徒も多くないことを思えば、さして奇異とするにはあたらないでしょう。

いまひとつ指摘せねばならないことは、キリシタン時代にヨーロッパの宣教師から原語のラテン語、あるいは日本語に翻訳されて伝えられたオラショだけが今日まで唱え続けられてきたのかということです。キリスト教は死後の救いを強調するのに対して、日本の諸宗教は現世利益を強く求めます。そのことはオラショにもよく示されています。

キリシタン宣教師によってもたらされたオラショには、「家内安全」「無病息災」「豊作・大漁満足」「除災招福」に代表されるような、日本人の民衆が求めるような現世利益的な内容をストレートに含む祈りはほとんど見当たりません。おそらく潜伏時代に入ってからでしょうが、指導者たる宣教師が日本には一人もいなくなった以上、自分たちの手でどうしても必要な願い事を叶えてもらうためのオラショを作る必要に迫られたものと思われます。今に伝えられているカクレキリシタンのオラショの中には、絶対に本来のキリスト教にはありえないようなオラショが数多く見出されます。筆者はこれを「創作のオラショ」と名付け、キリシタン伝来当初、宣教師が日本人信徒に与えたものを「伝承のオラショ」と呼んで区別することにしました。

いくつかサンプルを示してみましょう。「伝承のオラショ」の中でももっとも大切なものは「主禱文（天ニマシマス）」ですが、その祈りにおける願いは、「天にある父なる我らの神の名が尊ばれますように」「あなたが支配する神の国が実現しますように」「我らを試練に遭わせず、悪より救ってください」という内容のものです。

もう一つ代表的なオラショを挙げるとすれば、「天使祝詞（アベマリア）」でしょう。その中では、「あなたは女性の中で、もっとも神より祝福された人で、あなたの胎内に今宿っている神の子も祝福されますように」「神の母であるマリアよ、罪人である私たちのために今も死のときも祈ってください」というような内容となっています。先に挙げた日本人の神仏に対する願い事と比べてみると、その祈りの内容の質的な差異は、文字どおり天と地の差があり、日本のキリシタンたちが「伝承のオラショ」だけでは自分たちの願いをとうてい満たすことができなかったのは自明です。

再述することになりますが、日本には指導者たる宣教師が一人もいなくなり、信者だけで信仰を伝承し、厳しい迫害下で生き抜いていくためには、彼らの願いを神に伝えるためのオラショがどうしても必要だったことでしょう。伝承のオラショの中にそれを見出すことができなければ、自分たちの手で創作するよりほかにはありませんでした。創作のオラショを見れば、身近な、素朴な、彼らが本当に必要とし、神に求めたのはどのようなものであったのかを如実に窺い知ることができます。

創作のオラショは数多くありますが、サンプルとして生月より二つ、五島、外海から一つずつ挙げておきましょう（図5）。①は新しく作られた船に魂を入れる儀式を行う際にカクレの役職者が唱える言葉。②は異教徒の手によって作られたロウソクを聖水で祓い清めるための言葉。③は初穂をお供えするときに唱えるもの。④は恐ろしい道を通るときに唱えるものです。このようなオラショはキリスト教の世界には存在しません。

①　生月島　元触のO氏ノートより　［船の魂入れ］

秘伝

おもて幸せ艫《とも》幸せ、風難ぶ、日なんぷ致しません様に、船中に長おり致しません様に、早く港に着きますように。船頭かてて（私注：加えて）十三人にホガイ（私注：お供えする）奉る。船の御ナル（私注：御主《おんあるじ》）様に魂を入れます。（原注　終わりにクロース（＝十字のしるし）を引く。取り舵より乗って、面舵よりおりること）

②　生月島　山田のオラショ本より　［ろーそくべんじ］（図6）

此ろーそくと申するわ、えれんじゃ（私注：ポルトガル語のHeresia異教）ものの仕立てたる、ろーそくなり。此ろーそくを以って、今でうす（私注：ラテン語のDeus神）で戒め給うふ、青かびーるの質の水、此れの御水は、サンジュワン様の御信頼なされたる、みことの御水なり、思わすてす、いじんどーみの、イズツポ（私注：ポルトガル語のHisopo聖水を付けて祓うための棒）で、はらい清め奉る。

③　若松町　有福　故帳役　M氏ノートより　［アンメン—リヨウンス様］

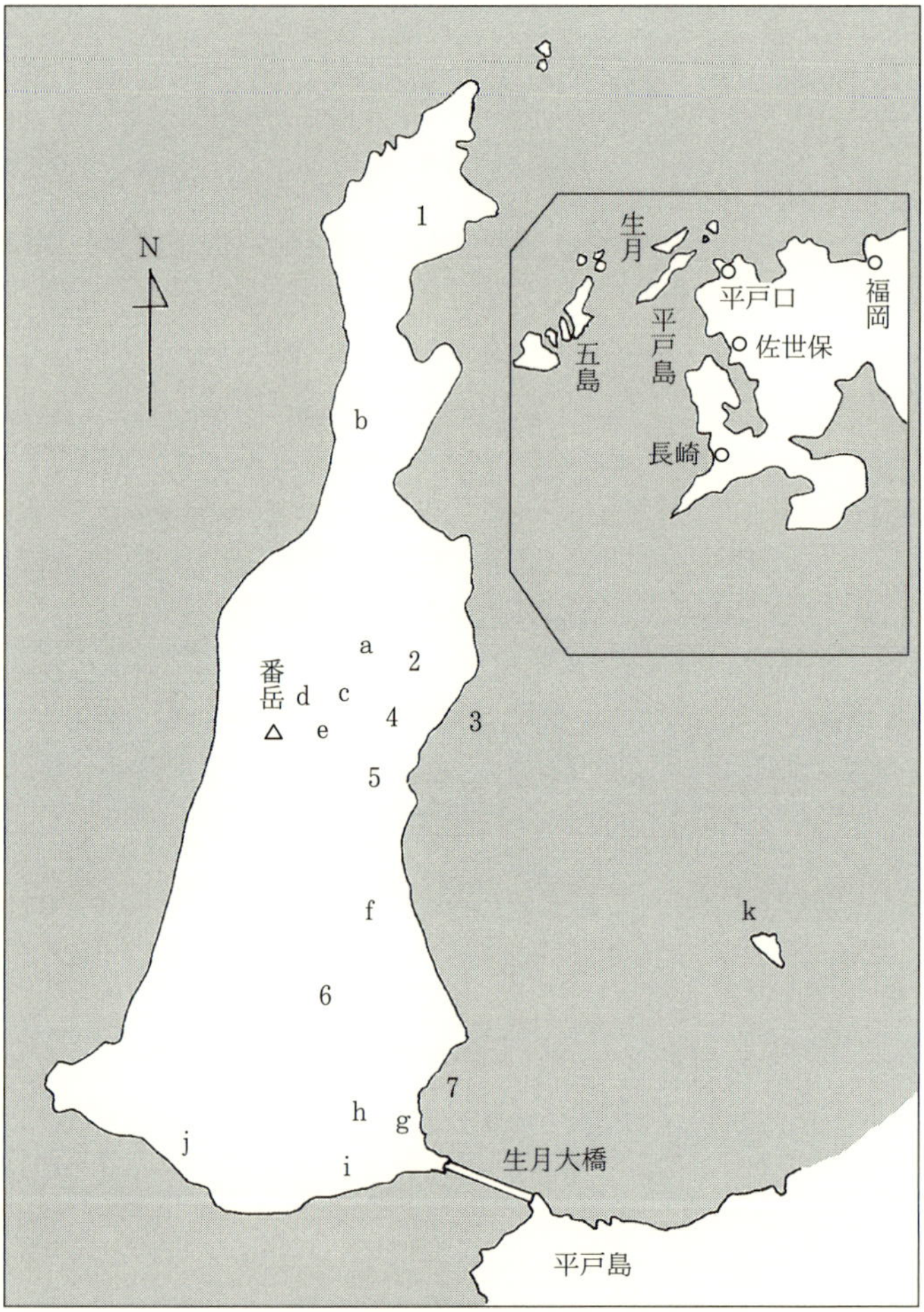

図5　生月島の図

地区名：1 御崎　2 壱部在　3 壱部浦　4 堺目　5 元触　6 山田在　7 館浦

崇敬地：a お屋敷様　b 方倉神社　c 焼山　d アントー様　e 幸四郎様　f ガスパル様　g 八体様　h 千人松　i 初田様　j ダンジク様　k 中江の島

オン、ハツヲ（私注：初穂）オ捧ゲ頂ク時のオラショー
アナタ、オンメリヨース（私注：御身ジェズスの転訛）様、サンタマリヤ様へ捧ゲ上ゲマシタル、
オ酒《みき》ノオン初穂ハ、我々（座の名前を入れる）座中御一統へ、オンユルシ下サレマシテ、下《さげ》頂カセ
下サレマスルヨーニ、オン願イ上ゲ、タテマツル

④　外海　黒崎　松本のオラショ本より［恐ろしいところを通るとき］

大天狗、大天狗、そこ立ち退け。この道はデウスの道、
御身様のみ言葉をもって通らすぞ。アメン

図6「ろーそくべんじ」を唱えながらローソクを払い清める　生月島山田

三　種　類

行事が行われるときにはかならずオラショが唱えられます。いろいろな行事が年中行事として毎年繰り返されますが、行事の行い方そのものはそのつど異なるということはありません。初めに、今日はこのような目的で行事を行いますという神様への「申し上げ」とか、「申し立て」と呼ばれる部分が

異なるだけで、その他の行事進行、唱えられるオラショは例外的な行事を除けば基本的に同じです。それゆえ、オラショの種類も言葉も唱え方もそれぞれの地区独特のものが存在します。生月島では「一通り」と呼ばれ、暗記して唱えねばならないとされてきました。一通りのオラショは伝承のオラショの中から選択されたものから構成されており、その中に創作のオラショは入っていません。

生月島には大きく分けて北から壱部、堺目、元触、山田という四つのカクレキリシタンの組織が存在しました。時代的に特定するのは困難ですが、少なくとも江戸期の潜伏時代にあっては、オラショは暗記して唱えられていたものと考えられます。潜伏時代には文字に書いたものを所持していては、万一露見したときに申し開きができないということで、暗記して口伝によって伝承されてきたといわれます。

明治以降禁教令が撤廃されても、その習慣は保持され現在に至っていますが、暗記することの意味は、露見を恐れてではなく、早口でも三〇分余り、普通の速さでは四〇分もかかるような長大な呪文化したオラショを、いかなる犠牲を払ってでも暗記して唱えることで一層のご利益があると信じてきたのではないでしょうか。

しかし、この一通りのオラショを暗記するのは並大抵のことではありません。今ではオラショを暗記して唱えることのできる人も少なくなり、後継の役職者を見つけることが困難で、組織解散の大きな原因の一つともなっているほどです。山田地区のカクレは、戦後、オラショを学ぶ折にノートにその文言を書き留め、暗記することはせず、それを読み上げながら「一通り」を唱えてきました。

元触ではいつの頃からかは定かではありませんが、一通りという長大な一連のオラショを唱えることは廃止し、「ロッカン」と呼ばれる主要な六種のオラショである「デウスバイテロ」「万事に叶い給う」「御体巻き」「キリアメマリヤ」「ケレンド」「パライゾー」を唱えるだけに簡素化されています。

壱部と堺目で行われる正式なツモト行事は、一通りのオラショを必ず暗記して唱えてきました。ロッカンは何かちょっと神様にお願い事をしたり、ご報告をしたり、お許しを願ったりするとき、また朝夕に神様にお茶をお供えしたりするときに用いるものです。簡単な行事の場合には「ロッカン」を唱えてすませています。

堺目では二〇一一年（平成二三）にかなり大きな改革が行われ、伝統的な一通りのオラショを暗記して唱えることを廃止し、元触と同じようにすべてロッカンですませることにしました。そのうえロッカンは五分程度のさほど長いオラショでないにもかかわらず、暗記していない者は印刷物を見て唱えてもよいというように、大幅な簡素化改革がなされました。ノートを見ながらオラショを唱えることが認められていた山田集落では、ロッカンのような簡略化されたオラショの形式はなく、解散時まで一通りが唱えられていました。

外海や五島におけるオラショの唱え方は調査によっても判然としない部分が多くあります。その最大の原因は、生月島では大きな声を出して唱えるのに対し、外海、五島では黙禱し、いっさい声に出さないからです。オラショが記録された個人のノートによれば、生月島における一通りのオラショに相当するような伝承のオラショ群が残されていますが、いつの頃からかは定かではありませんが、かなり以前からそれらのオラショがすべて通して唱えられるようなスタイルは姿を消しています。

それにとってかわって、オラショの中でももっとも大切にされてきた「アベマリヤ」「ガラッサ」「天ニマシマス」「ケレンド」「サルベジナ」「コンチリサン」といった代表的な主要なオラショを行事の目的によって、五三ベンとか三三ベンとか一七ヘンというように、何ベンも繰り返して唱える方式をとっています。生月のカクレが「ロッカン」という簡略バージョンを考案したのに対して、外海、五島のカクレは行う行事に従って、定められた同一のオラショを何十回も繰り返し唱えるという方式を採用したのです。

四　神寄せと申し上げ

カクレキリシタン行事の構造は神道行事のそれに酷似しています。似ているというより、潜伏時代に指導者たる宣教師が不在となり、もっとも身近に存在した神道儀礼に範を求め、模倣したものと考えてよいでしょう。

神道行事ではまず初めに降神の儀として「神寄せ」を行い、その地域の人々によって神と信じられている多くの神々が呼び寄せられますが、カクレの行事においてもまったく同様に、行事の冒頭にカクレスタイルの「神寄せのオラショ」が唱えられます。神道行事では神々が集まってきたところで、その日の行事の目的を神々に伝える「祝詞奏上」が行われますが、カクレも同様に、「申し上げ」「申し立て」「申し込み」などと呼ばれる、その日の行事の目的を唱えるのです。「神寄せ」も「申し上げ」も唱え言葉であり、これは本来のオラショとはいえませんが、広義のオラショに含めて考えることもできなくはないでしょう。

神寄せも申し上げも、両者ともに個々人による自由な裁量による創作が許されているので、地区によって、また人によってかなりの相違が見られます。生月・平戸のカクレは行事を行う前に必ず「神寄せ」を唱えますが、外海や五島には「神寄せ」はありません。ここで生月島と平戸島におけるカクレの「神寄せ」と「申し上げ」の例を示します。

①　生月　山田　F氏ノートより　「神寄せ」

天中《てんちゅう》御信頼し給うオーエンの御子ゼスキリスト様、御母サンタマリヤ様、御岳奥の院様、中江島のサンジワン様、平瀬のパウロウ様、松崎のアントー様、黒瀬の辻のガスパル様、ゴス天の前天様、千人松様、白浜様、初体《はったい》様、地獄マリヤ弥一郎様、獅子の小島のトーマル様、天のバライゾウ様、四十八体の御前様、四ケ所の御前様へ申上頼み奉る。

②　平戸　根獅子　T氏ノートより　「神寄せ」

恐レナガラ、辻本ノ御ソビヨ様、御家内様ニテ、御願申シ上ゲタノミタテマツル　アーメン十。御子ゼリギリス様、女ゼリギリス様、ヒリヨ様、三スキノ三ジワン様ニテ、オンネガイ申シ上ゲネガイタテマツル、アーメン十。ウシヤキドカタ様、ケゴエスピリン様、母様、御家内様ニテオネガイ申シ上ゲタノミタテマツル　アーメン十。獅子小島トウマ様、中江の島谷マ様、奥ノ院様、天ノ神様、地ノ神様、御願申シ上ゲタノミタテマツル　アーメン十。

③　生月　上川　T氏ノートより「申し上げ」

悪事、災難、病難、災難、とん死、とん病、はやり病受けません様に、生風、三方風行き合いまっせん様に。海、川、子供死そんじ致しまっせん様に。牛馬、がけ落ち、つなまき、はやり病受けまっせん様に。牛馬栄えます様に、作とうにおそう虫け付きまっせん様に。豊年万作に御守り下さいます様に。日の災難、月の災難、年の災難、其の日々の災難を御よけまして悪い日は良い日に、悪い月は良い月に思い返しまして、日々の繁盛いたします様に一心にお祈り申し上げます。

神道儀礼では祝詞が終わると、お供えされた神饌に対する神人共食の「直会」が行われますが、カクレにおいても神への供物はたいへん重要な意味を持っています。長崎県下すべてのカクレキリシタンが存在する地区において、かならず御神酒（日本酒）と生臭物（刺し身、スルメなどの海の物）が供物として用いられています。この風習がカトリックのミサにおけるパンとブドウ酒の日本的な変容であることは間違いないといえるでしょう。

五　歌オラショとサンジュワン様のお歌

長崎県下では生月島の元触を除く壱部、堺目、山田のカクレキリシタンの間にだけ「歌オラショ」と呼ばれる、オラショにメロディーのついたものが奇跡的に今日まで残されています。「ラオダテ（Laudate）」「ナジョウ（Nunc dimittis）」「グルリヨーザ（O Gloriosa）」という三曲のラテン語の歌オラショが、中世のカトリックのグレゴリオ聖歌に由来することはすでに音楽史研究者の皆川達夫氏によって明らかにされています。壱部と堺目では三曲ともにメロディーがついていて歌われますが、山田では「グルリヨーザ」しか歌われません。

この他に、潜伏時代に日本人キリシタン信徒が創作したと考えられる、日本語による歌が山田地区にだけ残されています。「サンジュワン様のお歌」と「ダンジク様のお歌（地獄様）」です。これら二曲はオラショではありません。

【サンジュワン様のお歌】

　んー前わな前わ泉水やなーあ

　　後わな高き岩なるやあーなあーあ

　　　前もな後も潮であかするやなーあ

んー此の春わな此の春わなあー
　桜な花かや散るじるやなああー
　また来る春わなつぼむ開くる
　　花であるぞやなあーあ

【ダンジク様のお歌（地獄様）】
んー参ろうやな参ろうやな
　パライゾの寺にぞ参ろうやなあーあ
　パライゾの寺とわ申するやなあーあ
　広いな寺とわ申するやなあーあ
　広いなせばいは我が胸にあるぞやなあーあ
んー柴田山　柴田山　今わな涙の先なるやなあー
　先わな助かる道であるぞやなあーあ

「サンジュワン様のお歌」は中江の島で殉教した三人のジュワン様を歌ったものです（図7）。最初の三行は中江の島の情景を詠んだもので、切り立った断崖のところで斬首された殉教者を散りゆく桜の花にたとえ、また来る春には信仰のつぼみは美しく花開くであろうという切なる願いが感じられます。「サンジュワン様のお歌」は現在では祝い歌としてめでたいときに歌われています。

「ダンジク様のお歌」は殉教者たちをたたえ、自分たちもそのような強い信仰を持って「パライゾの寺（天国）」へ行きたいという気持ちを詠んだものです。パライゾには神とともに、殉教したご先祖様たちが待っていると信じているのです。

図７　中江の島の祠に祀られている殉教した３体のサンジュワン様の像

六　伝　承

カクレキリシタン信仰が今日まで継承されてきた原動力として、他には存在しない、自分たちだけの神々の存在を指摘することができるでしょう。生月・平戸地方にあっては御前様・聖水（サンジュワン様の御水）・御札様・オテンペシャ・オマブリ等々（図８・９）、外海・五島地方にあってはマリア観音・御帳などです（図10）。そしてあと一つ、オラショというカクレキリシタン独特の祈りの言葉がキリシタン時代より伝承されてきたことが信

図8　平戸・生月島のカクレの聖地　中江の島の遠景

図9　生月島壱部ツモト祭壇に祀られた御前様と御水瓶，縄状の物がオテンペシャ

仰継承の大きな力となってきたことは間違いないでしょう。

御神体は実際には物ですから、もし消失しても、破損しても、もう一度作り直すこともできるし、代わりのものを見つけてくることも可能です。生月島では御神体も使い古されると、新たに描き直したり、作り直され、お魂が入れられて用いられています。古くなったものはお魂を抜いて「お休み」させます。しかし、オラショだけは一度亡失すると二度と復元は困難です。コンピューターに例えれば、御神体はパソコン本体やハードディスクで、オラショはソフトやデータということができます。パソコン自体は壊れたら交換が可能ですが、データは一度消去されたらまず復元できません。それを避けるためにバックアップをするわけですが、潜伏時代以降キリシタンたちは禁教令によってバックアップすることを禁じられてきたのです。

信徒たちにとって、信仰を継承するためには、何としてもこのオラショを忘失しないということが絶対条件であったといえるでしょう。祈願をかける神像は持っていても、その神様に自分たちの願いを聞き届けてもらう手段であるオラショをなくしてしまってはどうにもならないからです。このオラショ伝承という重役を委ねられたオヤジ役や帳役をはじめとする役職者たちの責任は、きわめて重大であったといえるでしょう。

長文の一通りのオラショを丸暗記するなどということは、現代のわれわれには及びもつきません。並々ならぬ努力と、信仰の力によってのみ可能であったことはいうまでもないでしょう。ただし、それが何に対する信仰であったかはつねに十分に注意を払わねばならないことはすでに指摘してきたとおりです。

図 10　若松町の帳役の家に祀られていた 2 体の宝物様（マリア観音）

カクレキリシタンが信仰してきたのはその名称からして、キリシタン（キリスト教）であると考えるのは誤った思い込みにすぎず、実際にはきわめて重層的な日本の民衆信仰そのものであったことを忘れてはなりません。

ここでオラショ伝承のために、実際にどのような努力がなされてきたかを見てみましょう。生月島壱部の故オヤジ役大岡留一氏によれば、戦前くらいまでは、「悲しみの内」すなわち「悲しみの入り（カトリックの四旬節の入り）」から、「悲しみの上がり（復活祭）」までの四六日間のうちにしかオラショは伝習してはならなかったそうです。もしその期間中に覚えることができない場合は、また翌年のその時期まで待たねばならなかったそうです。なかには覚えるまでに足掛け六年を要した者もいたそうですが、現在はその掟も緩和され、いつでもよいとされています。

オラショを習うことができたのは男性だけで、女性は血のケガレがあるとして、神聖なるオラショの言葉を習うことは許されませんでした。大岡氏に「閉経した人ならば許されるか」と尋ねると、それならできないわけではないが、生月では女性が男性と一緒にオラショを唱えることは現実的にはありえないといいます。オラショを教えるのは、知っている者ならば誰でもよいとはいえ、これも実際には長老格のオジ様が伝授するのが通例でした。習う者はお授け（洗礼）を受けた者であるのが原則でした。

大岡氏によれば、一通りのオラショの伝授には一定の儀式があり、まず師匠を決め、弟子入りするときには、御神酒と魚を持って行くことになっています。一通りのオラショの半分程度まで覚えたときに、再び御神酒と魚で「中御恩礼《なかごおんれい》」を上げます。ふつうの人は四〇日くらいで覚えるそうです。オラショ伝習期間中は女性に接してはならないというタブーがあったそうです。もしそのタブーを犯すと、覚えることができないといわれており、ある人は、夫婦の交わりを避けることはもちろん、寝室も一緒にせず、師匠のところに出かけるときにはケガレを落とすために水垢離をとって出かけたといいます。大岡氏自身、無事に暗記できるように、真夜中に裸足でカクレの神様にお参りに行ったものだそうです。

このような厳格なタブーの中で、師弟関係まで結んで伝授されてきたオラショはしっかりと暗記され、行事の際に朗々と唱え上げられるのです。そこまで努力して今日まで伝承されてきたラテン語混じりの呪文化したオラショには、かならずしや信徒の願いを叶えてくれる力が秘められていると感じさせるに十分です。

七　変　容

キリシタン時代に日本人一般信徒がどの程度オラショを覚え、その言葉の意味を理解していたか実証的に明らかにすることは容易ではありません。キリシタン版『ドチリイナ・キリシタン』の中に主要なオラショが掲載されており、一六〇〇年に刊行された『おらしょの飜譯《ほんやく》』は、当時日本において流布していたオラショの集大成です。しかし、このような書物を手元に置き、身近にオラショを唱えることができた信徒は、上級武士や知識人階級の中でも、さらにごく一部の限られた人々であったことは想像に難くありません。一般民衆層にあっては、せいぜい主要な「天ニマシマス」や「アベマリヤ」や「ガラッサ」など、いくつかのオラショを唱えることができた程度でしょう。また唱えはしても、その祈りの意味が理解できていたかどうかは別問題です。

ましてや、潜伏時代に入り、指導者もなく、オラショの言葉を記した書き物も持つことが困難な時代を迎え、基本的に口伝によって二三〇年間の長きにわたって秘密裏に伝承されてきたとすれば、その言葉がどれほど転訛し、さらに意味理解は困難となり、呪文化していったかは容易に想像されます。生月島で採集したオラショノートに記された言葉を一見するだけで、彼らのオラショ理解の程度、ひいてはキリスト教理解の程度を推し量ることができます。

大正時代、あるいは昭和の初期頃に、それまで口伝によって伝承されてきたオラショを忘れないようにノートに書き記そうと試みたとき、これまで意味も理解できずに唱え続けてきたことにはたと気づかされたことでしょう。平仮名や片仮名だけで書き記したのでは意味がわかりませんから、このような意味ではないかと想像をたくましくしていろいろな漢字を当てる試みが行われました。私たちはその漢字を見てみることによって、彼らのオラショ理解の程度を如実に窺うことができます。

いくつか例を挙げてみると、キリスト教でもっとも大切な言葉である神を意味するラテン語の「デウス（Deus＝神）」に「出臼」、「ヒィリョウ（Filho＝キリスト）」に「肥料」、「サンタマリア（Sancta

Maria)」に「三太丸屋」や「参多間利屋」という漢字が当てられています。また、「バウチズモ（Bautismo＝洗礼）」には「場移り島」、「エウカリスチヤ（Eucharistia＝聖体）」には「八日の七夜」、「アニマ（Anima＝霊魂）」には「兄魔」「有魔」「有馬」、「クロス（Cruz＝十字架）」には「黒須」という漢字が当てられています。

ここに挙げた言葉はキリスト教における最重要語といってよいものばかりですが、発音はかなりの程度まで原形を留めているとはいえ、その本来の意味はまったく理解できなくなり、原意からは想像もできないほどにかけ離れたものに変容していることが一目でわかります。「厳しい江戸幕府の禁教令にもかかわらず、オラショは潜伏時代の間も絶えることなく秘かに唱え続けられてきたのです」とはまぎれもない事実ですが、その実態は、父であるデウスが「出臼」、神の子であるキリストが「肥料」などといった漢字を当てざるをえないほどその意味がわからなくなってしまっていたのでは、オラショが伝承されてきたということをもって、「キリスト教の信仰が秘かに守り伝えられてきたのです」といっていいのでしょうか。

オラショが日本に伝来して以来、すでに四五〇年の年月を経ています。一八七三年（明治六）のキリシタン禁教令が撤廃された後、潜伏時代の信仰スタイルを継承し続けているカクレキリシタンの歴史もすでに一四〇年の年月を経ています。今日まで伝承されてきたオラショの文言はどの程度まで原形を保つことができているのでしょうか。あるいはどこまで変容してしまっているのでしょうか。地域差もかなりあることは無論ですが、大きな変容の流れは次のように見てよいでしょう。

第一段階

キリシタン時代にはオラショの文言自体はまだある程度原形が保たれていましたが、その当時からすでに十分に意味が理解されていたとはいえません。

第二段階

潜伏時代には、日本全国におけるキリシタン信仰伝承の中心地たる長崎県と熊本県の天草をはじめ、ほとんどの地域で伝承のオラショはかなりの文言の変容・脱落・付加を見せ、呪文化し、その意味を理解することはさらに困難になりました。それゆえ、日常生活における自分たちの願いをこめた理解可能な創作のオラショが自作されました。

第三段階

明治のキリシタン禁教令の高札撤廃後、潜伏時代の信仰形態を続けてカトリック教会に帰属しなかったカクレキリシタンには、カトリック関係者と接触を持った組織と、まったく接触を持たずに独自にその信仰を続けていった組織があります。この時期にカトリックの宣教師や伝道師などと接触した組織においては、潜伏時代に転訛したオラショの言葉の修正が彼らの指導・助言によってなされたことは疑う余地がありません。

次に昭和初期にカクレキリシタン調査研究の扉を開いた田北耕也（氏自身もカトリックであった）に

よって一定の啓蒙活動が行われ、変容したオラショを第一段階に近い原形に戻す力が加わりました。その動きが加速したのは、戦後カトリック教会側から組織的に、離れてしまったカクレを教会へ引き戻す運動が各地で展開されたことによります。その運動の中で、カトリックの聖職者や関係者たちが、カクレの変容し呪文化したオラショをある程度まで原形に復元するため手を入れたことは一目瞭然です。

なかには完全に現行のカトリックの祈りの文言に戻されたものもありますが、カクレキリシタンたちに大きな違和感を与えないように、四五〇年前の古い時代のラテン語やポルトガル語の言葉を適宜残し、意味も若干理解できる程度に修正を留めたものが多く見受けられます。すなわちキリシタン時代に伝承されたオラショと、二五〇年余りの潜伏時代に変容したオラショとの折衷形です。しかるに、この修正されたオラショをカクレたちが守ってきたそのままの形と思い、よく今日までこれだけ正しくオラショが伝えられてきたものだ、これこそ信仰の力だと評価されますが、それは彼ら自身の手で行われたものではなく、カトリック関係者によってなされたものであり、誤った事実認識です。

ごく最近、カトリックの影響力の強い地方では、もともとカクレの先祖もキリシタン（カトリック）であったのだから、転訛して意味の通じないカクレのオラショを唱え続けるよりは、正しいカトリックのオラショの文言に戻して唱えるのが適切であるとして、カトリックの祈禱文をそのまま採用して唱えているグループもありますが、これはカクレキリシタン終末期における新たな展開です。正統なカトリック教会に戻るのでもなく、かといって伝統的なカクレキリシタンの土着的信仰形態を継承するのでもない、第三の道を模索しているのです。

ここで伝承オラショの中でももっとも主要なものの一つである天使祝詞（ガラッサ）のオラショを事例として、オラショの変容を見ていきましょう。

①は第一段階に当たる、天使祝詞のオラショの原形です。

②〜④は第二段階の時期のもので、②は一八五八年（安政五）長崎浦上三番崩れにおける帳方吉蔵の口書から、③は明治初期にカトリックに戻った天草崎津の潜伏キリシタンが所持していたものです。④は大正一四年と記された、五島列島の奈留島大林のカクレキリシタンK・F氏の（筆書き）オラショ冊子からです。⑤〜⑦は第三段階の時期のもので、⑤はごく最近まで唱えられていた、生月島山田のカクレキリシタン明賀春夫氏ノート（手書）から、⑥も同じく最近まで五島列島の若松島有福の元帳役持木種美氏が唱えていたオラショのノートからです。⑦は外海地方の黒崎・松本のオラショ「ORASSHO」と題するガリ版冊子本からですが、ほぼ完全に第一段階の原形に戻されているのがわかります。

① キリシタン時代のアベマリアノオラショの原形（小原悟編『きりしたんのおらしょ』キリシタン研究第四二輯、教文館）

ガラサミチミチ給フマリヤニ御礼ヲナシ奉ル。御《おん》アルジハ御身《おんみ》トトモニマシマス。女人《にょにん》ノ中ニオヒテワキテ御《ご》クハホウイミシキナリ。又御《ご》タイナイノ御身ニテマシマスゼズスハ。タツトクマシマス。デウスノ御母《おんはは》サンタマリヤ。イマモ我ラガサイゴニモ。ワレラ悪人ノタメニタノミタマヘ。アメン

②　浦上村　帳方吉蔵口書　一八五八年（安政五）（浦川和三郎『浦上切支丹史』国書刊行会）

ガラスサミチミチタモーマルヤの御身《おんみ》に御禮《おんれい》ナシ奉リ、御《おん》アルジ者御免シニ而《て》トモにマシマシ、アンメンジュス。

③　長崎市内家野町（旧浦上村）筆者聞取

アメバラのオラショ

アメ　バーラ　ガラサミチミチターマリヤ　テーク　テンライ　ラーオラーチ　キンキンキンナート　ーレーツー　ベンケンナー　ベンケンナー　キンキントーレン　アーメン　ジェズ

④　天草　崎津　フェリエ神父ノート　一八八二年（明治一五）集録

御主様のオラショ

ガラシャノミチミチタマウマルヤニ　オンレイオナジクタテマツル、クタクチョーチャク　ジュジュギロー　サマ　アントー　アンタワ　アリマヤニ　オヤヲタノミタテマツリ、ガラシャヲモーシアゲ、ワガミヲササゲタノミタテマツル。アーメン　デースサマ

⑤　奈留島大林　一九二二年（大正一一）　K・F氏　おらしょう本（手書き）

ガラスタミチミチ

ガラスタ。ミチミチ。タモウ。マリヤ。オンメニ。ヲンレイ。オナジク。タテマツル。オンナノジワ。オンメニ。トドマリマシマスカ。ヨニンノナカヲ。オイテ。ワケテ。コワ。ホウリヨノ。メシクナイ。ワレラガトカモユルシタモウ。ワレテント。ハナシ。モスコト。ナキリ。

⑥　生月島　山田　故元オジ役　明賀春夫氏ノート（手書き）

誠の柳ぎ

まりやがらつさ日日給ひてまりやに御礼おなし奉りて、御なら重《じゅう》はおん人共におわします、四人《よにん》の中にも老《お》いても若《わけ》ても顔よみしきなー、また御体内わ御《おん》似てましますます出臼《でうす》わ尊き身にてましますます、出臼《でうす》の御母三太まりや今も我等は再行にて、我等は悪人の為頼み奉る、あんめーぜす

⑦　若松島　有福　故元帳役　持木種美氏ノート

ガラスタ・オラツショー

ガラスタノ道々給エマリヤ、オン目リヨウ様、御礼《おんれい》ヲ、ナシ奉ル。オン主《あるじ》ハ、オ目、共、マシマス。トドキマシマス、ニヨ人《にん》ノナカニオイテワ、ゴハホワ、ヨミシキリ、ゴ体内ニテ、ゼースワ尊キマシマス、リョースノ、オン母今ワ我ラ最後ノトキワ、悪人ナレ共、謹ンデオン願イ奉ル。

⑧　黒崎　松本のオラショ「ORASSHO」と題するガリ版冊子本

ガラサみちみちたもうマリヤ

ガラサ（聖ちょう）みちみちたもうマリヤ、おんみにおんれいをなしたてまつる。おんあるじはおんみとともにましします。じょにんのなかんいおいてわけてごかほういみじきなり。またごたいないのおんみ（実）にてましますゼズスはたっとくましまます。デウスのおんはは、サンタ、マリヤいまもわれらがさいごにもわれらあくにんのためにたのみたまえ。アーメン

①〜⑧でもっとも目を引くのは②③⑧です。ことに②と③は長崎の浦上という、日本のキリシタン信仰の中心地といってもいいような場所です。潜伏時代には浦上一番崩れから浦上四番崩れまで四回にわたり長崎奉行所の詮議を受け、一八六五年（元治二）には浦上の信徒とプチジャン司教が大浦天主堂で二二一年ぶりに再会を果たし、日本キリシタンの復活がなされた場所です。

②のオラショは浦上三番崩れのときに、浦上潜伏キリシタンの最高指導者たる帳方吉蔵の取り調べ記録の中に出てくるものです。原形の①と比較してみると、潜伏期の間にオラショの分量も半分以下に切れてしまい、残った文言の意味もさほど明瞭には理解できない状態となっています。日本のキリシタンのメッカでもある浦上の、それもまた最高指導者である帳方の、数あるオラショの中でももっとも大切とされたオラショのこの変容ぶりを見れば、他の地域におけるオラショの姿がいかなるものであったかは容易に推察されるでしょう。③は同じ浦上で、②から一五〇年余り時代が経た現在のものですが、呪文化はさらに加速度的に進んでいます。

⑧のオラショは長崎近郊外海地方黒崎のものですが、黒崎も出津と並んで、潜伏キリシタン信仰の

図11　黒崎の枯松神社で行われているカクレとカトリックの合同慰霊祭（枯松神社祭）

拠点でした。ここには現在もカクレキリシタン信仰がわずかながら存続していますが、カトリック黒崎教会が村落全体の精神的な紐帯となっており、カトリック側からカクレに対しての改宗の呼びかけが強くなされてきました。ことに二〇〇〇年（平成一二）に枯松神社祭（図11）をカトリックとカクレが合同で営むようになってからは、急速にカクレのカトリックへの接近が見られ、変容したカクレのオラショを原形であるカトリックに再び戻す動きが強まっています。その典型例として、⑧のオラショは完璧にカトリックのキリシタン時代のオラショの原形に復元された例です。

八　呪文化

宗教行事に参加するとき、私たちが五感を通して受け取る宗教的なインパクトというものは想像以上のものがあるのかもしれません。もし、仏教行事において経典を読む声明の独特なリズムがまったく耳に入ってくることなく、あのもうもうたる線香の香りもなく、銅鑼や木魚のリズミカルな音もなく、またありがたいと感じさせる仏像が一体もなかったとしたら、いかに素晴らしい教えであったとしても、行事に参加した信徒の心をどれほど引きつけることができるかは疑問です。

現存する長崎県下のカクレキリシタン集落において、生月島だけは紋付羽織で正装して行事を行います。作り付けの和簞笥のようなかなり大きな祭壇には、掛け軸に仕立てられた御前様と呼ばれる神様の絵がかけられ、その他、聖水を入れた瓶やオテンペシャ、オマブリという十字の紙、苦行のムチであったオテンペシャ、御札様などが所狭しと飾られ、それらの御神体に対して、朗々とオラショが唱え上げられます。オラショを唱える役職者も、またその行事に同席したその他の人たちも、一種の信心の高揚感を感じることでしょう。

これに比して、平戸、五島、外海ではオラショは無言で唱えられます。そのうえ五島・外海では行事の際、着物を着る習慣もなく、平服に近い姿です。生月島だけは潜伏時代にも取り締まりが緩やかで、オラショを声に出して唱えることが可能だったのでしょうか。それにしても禁教令が取り下げられてすでに一四〇年。戦後すでに六〇年の平和な時が流れ、その間も変わることなくオラショを黙唱し続けてきたのはなぜなのでしょうか。その理由の如何はともかくとして、この違いがもたらした差

図12　正装して御前様祭壇の前でオラショを唱える　生月島元触辻集落

には大きなものがあります。

これまで述べてきたように、オラショは大きな変容を伴いながらも今日まで伝承され、カクレキリシタン信徒の中で唱え続けられています（図12）。オラショを唱えている彼ら自身にとっても、外部から見ている人々にとっても、オラショは他の何物にも替えることのできない、カクレキリシタンをもっともカクレキリシタンらしくあらしめている重要な要素であることは間違いありません。

オラショは神への人間の願いを表現するための言葉です。言葉が意思伝達の手段である以上、その言葉の意味は理解されなければ願いを伝えることはできません。前節の「オラショの変容」で見てきたように、ヨーロッパから日本にもたらされたオラショ（思想）を、さらに日本語に翻訳して伝承するという作業を経たものを、一六、一七世紀の戦国末期から江戸初期の日本人の中で理解できたのは、ごく一部の人に限られていたことは容易に想像できるでしょう。

加えて、江戸幕府の徹底的なキリシタン禁教政策によって二三〇年間の長きにわたり、オラショはまったくもって呪文化し、意味を理解することはほとんど困難になっていきました。信徒たちは意味不明となったオラショを多大な労力を傾けて暗記し、一心に唱えること、その行為そのものの中に願いを叶えてくれる不思議な呪術的力を感じたのです。この信仰のあり方は、日本における神仏信仰には普遍的に見出されるものです。呪文化したオラショの姿から見ても、潜伏時代より明治以降現代に至るまで、日本におけるキリシタン信仰の本質はキリスト教と見なすことができるようなものではなく、日本の民衆社会における呪術的信仰に根ざしたものであるということができるでしょう。

日本の一般民衆にあっては「南無阿弥陀仏」とか「南無妙法蓮華経」とお題目を唱えるだけで、僧侶が唱える仏教経典の意味をまったくといってよいほど理解していないのと同様に、カクレキリシタン信徒も、「アンメイゾウ（アーメン　イエズス）」とか「アンメンジンスマリヤサマ（アーメン　イエズス　マリア様）」と唱えているだけで、オラショの意味は呪術の闇の世界の中に深く隠されているのです。（拙稿「カクレキリシタンにおけるオラショの変容とその意義について」『長崎・東西文化交流史の舞台』所収）

第五　カクレキリシタンの行事

一　行事の意味と構成要素

キリシタン時代に外来の宣教師たちによって伝えられたオラショと行事は、長い潜伏時代を経て、今日まで伝承されてきました。しかし、外面的な形だけは比較的よく伝承されてきたといえますが、残念ながらその本来の意味や目的は、限りなく忘れ去られてしまっているものが多いのが実態です。宣教師という指導者も一人もいなくなり、迫害のために書物にするのは危険を伴ったので、教えについても口移しで伝えていくしかありませんでした。また、潜伏時代に入ると、武士や知識人階層のキリシタンはほとんどいなくなり、信徒の中心は長崎や東北地方などの周辺に住む民衆層となっていきました。それゆえ、キリシタンとは何かを十分に理解できていなかったことが容易に想像されます。考えてみれば、日本人にとってそれはごく当たり前のことです。高度な教育を受け、知ろうとすればいくらでも身近に情報があふれている現代日本においてすら、僧侶や神主の上げる経文や祝詞の意味を理解している、あるいは理解しようと思っている人がどれほどいるでしょうか。行事についてもしかりです。意味はわからなくとも、先祖が大切に伝えてきたことを絶やすことなく受け伝えていく、そのこと自身に意味があると考えるのが日本人の特性の一つです。何を信じているのかよくわからなくとも、今日まで信仰を続けてきたということはさして特異なことではありません。

行事とは、長い年月をかけて、幸せを願い、災いを避けるために知恵を集め、理屈ではなく、行動によって神と人とのつながりを表現してきたものです。行われている行事を見れば、参加している人々が何を感じ、願い、何を喜びとし、また恐れてきたのか窺い知ることができます。

キリシタン、カクレキリシタンの信仰の実体を窺い知ることは、彼ら自身が残した文献資料が極端に少ないので容易ではなく、今日まで伝えられてきた行事が大きな手がかりとなります。筆者は、最近まで数多くの行事が残っており、隠すこともほとんどなく、むしろ誇らしげに信仰を表明していた生月島では二〇年余りにわたり、十分に調査することができました。

五島、外海、平戸では昭和の末期頃にはほとんどの地区で、後継者難による組織の崩壊に瀕し、行事数も極端に少なくなり、参加信徒も減少していました。役職者に対する単独の聞き取り調査はある程度まではできましたが、行事に直接参加することはかなり困難でした。大学から先生が何か調べに来ると聞いただけで、拒絶反応がありました。隠すというよりは、何か聞かれても、実際ほとんど何も知らないのでどう答えていいかわからず、わけもわからないことをやってきたと思われるのではないかという羞恥心と、解散寸前の零落した姿を写真に撮られたりして、後世にまで記録として残されたくないという思いがあったように感じられました。人目に触れることなく、このまま静かに歴史の舞台から姿を消していきたいという思いも理解できます。

以上のような事情で、行事に関しては主として生月島の事例を紹介することになります。野外で行われる行事もありますが、ほとんど「御前様」と呼ばれる神様をお守りする、ツモトと呼ばれるオヤジ様の自宅、あるいは御前様を合祀した「御堂」と呼ばれるところに、オヤジ様―オジ様―役中の三役だけが集まって行われます。例外的に正月元旦の新年御前様参詣のときには、各家から戸主がツモトの神様に新年のご挨拶に行きます。

行事を注意深く観察していると、ほとんどの行事が一定の形式に従って行われていることに気づきます。1祈願　2直会《なおらい》　3宴会　の三部から構成されており、神道行事とまったく同じです。意図的に神道的形式を取り込んだのか、それとも時を経て自然に日本的儀礼スタイルに同化していったのか定かではありませんが、結果的にカクレの行事はキリスト教や仏教よりも実際には神道に近く、その姿は民俗宗教に普通に見られる頭屋制に酷似しています。

行事の進行は、特別なものを除けば、次の形式に従って行われます。

1　祈　願

参加者がツモトやお堂に集まると、まず儀礼の一部としてお茶が出され、神様にその日の行事の目的を申し上げてからお茶を飲みます。祭壇に一の膳として、御神酒と生臭物がお供えされます。神寄せのオラショを唱えてカクレの神々を呼び寄せ、行事の目的を申し上げます。神主が神寄せをして祝詞を上げるのとまったく同じです。次に神様が供え物を喜んで受け取り、願い事を叶えてくれるように、約四〇分間ほどかかる一通りのオラショが唱えられます。

2　直会

オラショが終わると、御前様にお供えした一の膳とまったく同じ御神酒と生臭物が、お膳に載せて出されます。御前様に御神酒と生臭物の申し上げを唱え、供え物を神様が受け取ってくれた、すなわち祈願を聞き入れてくれたものとして、神様から頂いたお下がりを全員で頂く。この神と人との共食は神道の直会に相当します。

一の膳における御神酒はかならず清酒で、生臭物は以前はクジラ（生月島は捕鯨の島として有名であった）やスルメが多かったようですが、最近はブリやヒラマサなどの高級魚の刺し身を用いています。生月に限らず、外海や五島地方でもかならず生臭物が供え物に使われることがカクレ行事の特色です。葬式や年忌供養で僧侶を呼ぶ場合にも魚を使います。

3　宴会

直会に相当する部分がすむと、祭壇に二の膳がお供えされ、参会者全員にも振る舞われます。

宴会に移ると、まず参会者全員の間で一定の順序に従い、儀式的な盃の交換がなされます。その後、和やかな世間話を交えた宴に移り、一、二時間余り飲食歓談が続きます。行事の締めとして、ご飯と吸物の膳が三の膳として、御前様および参会者に出されます。最後に再び儀礼の一部としてお茶が出され、神様に対して無事に行事が終了したことを感謝する申し上げを唱えます。

直会に神と人間が共に食事を通して交流するという意味があるとすれば、宴会は集まった信者同士が食事を通して連帯感を強める意味があるといっていいでしょう。この行事の基本形態は生月のすべての地区、また外海、五島においてもまったく変わりはありません。

二　神様への供え物

神様への供え物は、五島では直会に際しては御神酒、刺し身、ご飯、豆腐、外海では豆腐の代わりに蒲鉾が一般に用いられています。生月では御神酒、刺し身で、宴会の最後になってご飯と吸物が出されます。どこの地区でも共通するのは、かならず清酒と生臭物が用いられることです。神道や仏教とは違うという、潜伏時代のキリシタンの秘かな抵抗の印だったのでしょうか。

また、御神酒と生臭物はカトリックのミサに用いられる、パン（キリストの体）とブドウ酒（キリストの血）の代用と見ていいでしょう。日本でブドウ酒に代わりうる神聖な酒といえば、清酒をおいて他にありません。パンに代わるものとして米、餅でなく魚を用いたのは、貧しいキリシタンたちにとっては魚のほうが手に入れやすかったからでしょう。魚はキリスト教のシンボルだからという、うがった解釈も耳にしますが、そのような知識は彼らにはありません。

生月では始めから各自にお膳で出されるのに対し、五島と外海では、一つの茶碗に注がれた御神酒が、全参会者によって回し飲みされ、刺し身も一つの皿から各自の手に取り分けられます。これはカトリックのミサの原形である最後の晩餐の場面を彷彿とさせます。宴会における料理は、行事の軽重にもよりますが、煮染めを中心とした和風郷土料理です。カクレキリシタン料理なる特別なものがあるわけではありません。

潜伏時代には、行事で集まっているのを役人に見られてもいいように、宴会に偽装したといわれていますが、確証はありません。ともあれ、ひと昔前まで、さほど娯楽とてない田舎では、仲間同士の親睦を深め、連帯感を強めるのに大いに役立ってきました。食糧事情がよくなかった頃、行事の盛大な馳走は大きな楽しみだったそうです。飽食の今日、家庭での食生活は豊かになり、行事の魅力の低下に伴い、信心も薄らいでいったことは否めません。

三　伝承の行事と創作の行事

第四―二でオラショを二種類に分類し、「伝承のオラショ」と「創作のオラショ」と名付けました。行事に関しても同様に、クリスマスや復活祭などのように、キリスト教に直接由来するものを「伝承の行事」と呼び、新年参詣や田祈禱や家祓いなどのように、キリスト教にはなく、日本人信徒たちが自分たちの手で必要に迫られて作り出したものを「創作の行事」と呼ぶことにします。

キリシタン時代より潜伏時代を経て、今日まで伝承され続けている「伝承の行事」は思いがけないほどわずかです。カクレは今でも立春を基準として、旧暦で行事の日取りを決めるので、毎年行事の日取りは移動します。長崎県下全域において残っているのは、まず二月から三月にかけて行われる「悲しみの入り」あるいは「春の入り」と呼ばれる行事です。しかし、どんな悲しみに入るのかはわからなくなっています。「入り」は立春にもっとも近い水曜日にとりますが、カトリックの教会暦の「灰の水曜日」に相当します。この日から四六日目がキリストが殺されて三日目によみがえった「復活祭」で、かならず日曜日になります。

「悲しみの上がり」とか「上がり様」と呼ばれ、行事は絶えることなく続いているのですが、肝心な何が上がった日なのかを知る人はいません。生月島には「四〇日目様」「一〇日目様」「三日目様」

と呼ばれる行事も昭和の終わり頃まではありました。「上がり様」より四〇日目が「四〇日目様」で、カトリックの「主の昇天」に相当します。「四〇日目様」より一〇日目が「一〇日目様」で、カトリックの「聖霊降臨の主日」に当たります。「一〇日目様」より三日目が「三日目様」ですが、カトリックの何の祝日に当たるかは不明です。行事の意味はおろか、その祝日の名前すらわからなくなって、ただ何日目に行わなければならないということだけが記憶に留められ、必死に伝承され続けてきたのです。

次はクリスマスに相当する行事ですが、さすがにこの行事だけはどこにでも残っています。生月島では「御誕生」とか「霜月のお祝」と呼ばれますが、冬至の日の直前の日曜日に当たり、その前日が「御産待ち」すなわちクリスマスイブに相当します。ツリーを飾ったり、クリスマスケーキを食べたり、プレゼントの交換をしたりはしません。いつもの行事と何ら変わったこともないのですが、この行事にだけはおはぎが用意されたり、普段は参加しない女性の人がお参りに来たりしていたそうです。以前は誰が誕生するのかもわからなかったようで、安産祈願の日とも考えられていたようです。「御誕生」は実はキリストの誕生日だったということを彼らが知ったのは最近のことです。

カトリックの主要な祝日には「復活祭」「降誕祭」の他にも、「主の昇天」「聖霊降臨」「三位一体」「聖母被昇天」「諸聖人の日」「死者の日」「無原罪の聖母マリア」等々ありますが、「無病息災」「家内安全」「商売繁盛」に代表されるような、日本人の民衆の現世利益的願いを叶えてくれそうな行事はみごとに一つもありません。意味もよくわからず、現世利益にも役に立たなそうな行事の多くを廃止し、どうしても必要な「創作の行事」を数多く作り出したのは無理からぬことです。次節でどのような行事が作られたのか説明しましょう。

四　生月島の創作行事

生月島は日本の中でも最後までカクレキリシタン信仰の姿をしっかりと継承し続けてきたところです。筆者が長崎県下各地のカクレキリシタンの調査研究を本格的に開始したのは昭和六〇年代の初めでした。その当時、数の上でも質の上でもしっかりと行事が残っており、かなりの程度まで自由に調査を行うことが許されたのは生月島だけでした。平戸、外海や五島、長崎市内でも正月行事やクリスマスに相当する行事など、まだいくつかは行われていましたが、すでに多くは廃止され、行事の全容を知ることはすでに困難な状況にありました。役職者はある程度まで胸襟を開いて語ってくれましたが、一般信徒の皆さんの多くは筆者が実際の行事に立ち会うことは許してくれませんでした。

生月島の中でももっとも盛んで数多くの行事が残存していた壱部の岳の下のツモトでは、一九八九年（平成元）には年中行事がまだ二五種類残っていました。その他にも洗礼や葬式など不定期な人生儀礼も六種類ほどあり、この頃にはすでに廃止されていた年中行事が九種類あったそうで、しばらく前まではちょうど五〇種類余りの行事が一年のうちに行われていたことになります。一カ月を四週とすれば、一年間で四八週ですから、なんと毎週何かしら一つはカクレの行事が営まれていた計算になります。

生月島のケースを中心に、どのような創作の行事が行われているのか（現在では廃止されているものも多い）主なものだけでも紹介してみましょう。まずは正月の間に行われる行事ですが、新年の神社やお寺への参拝は、宗教のいかんを問わず、国民的宗教行事になっています。カクレも例外ではなく、生月では「新年御前様参詣」「年始」、五島ではご神体のことを御帳《おちょう》というので「御帳開き」といったような名前で呼んでいますが、元旦にお詣りに行き、一年間の無病息災を祈願します。ほとんどの地区で、この行事は全信徒が神様を祀っているオヤジ様や帳方の家に参詣に集まるので「全戸寄り」と呼びます。

カクレに限らず正月には神様に鏡餅をお供えし、正月が過ぎると「鏡開き」のときに切って、雑煮やぜんざいに入れて食べます。カクレもこの行事は欠かせないと感じたのでしょう。いつの頃からかは明らかにできませんが、カクレの行事の一つとして創作し、今日まで伝えてきました。生月では「餅開き」「お開き」「餅ならし」、五島では「セッソ開き」などと呼びます。餅開きは正月の二日か三日頃、信徒から御前様に供えられた「オスワリ（鏡餅）」を切って、垣内の全戸に配る行事です。切られた餅には御水（聖水）が打たれ、清められます（図13）。聖水が打たれた後は神様の魂が入ってい

図13　切られた餅に聖水を打ってお魂を入れる壱部故オヤジ様 大岡留一氏

図14　切って作られた紙のオマブリ　堺目

ると考え、けっして粗末にしてはいけないとされ、風邪をひいたり腹痛のときなどに、薬として少しずつ切って食べたりしたそうです。

餅開きと同じ日に「オマブリ切り」の行事も合わせて行われていました。オマブリとは和紙を三〜四㌢大の十字の形に切って作ったお守りです（図14）。切られたオマブリにはサンジュワン様の聖水を打って清め、お魂を入れます。正月の家祓いのときに各家に配られ、玄関や床の間や牛小屋などに張って悪霊の侵入を防いだり、葬式のときに死者に土産として持たせたりします。病気予防のために飲む人もいますし、牛に飲ませたりもします。

生月島の正月行事のハイライトは「家《や》祓《ばら》い」でしたが、現在ではすべての地区で廃止されてしまいました。オジシ、ゴジンキン、御《ご》名代《みょうだ》などといった面白い呼び方もあります。早朝より信徒の家々を役職者たちが一軒一軒回って悪霊を祓い出し、一年間の家内安全、無病息災を祈願するもので、民間の節分の行事に当たります。オテンペシャと聖水で各部屋を祓って回りますが豆はまきません（図15）。聖水をイズッポの先につけて祓うときに次のような言葉を唱えますが、呪文化しています。

「アオカビンナーシツノミズ　サルベジエテ　コノミズレウス　ミコトバイエザルコノミズ　トンシ　トンビョウ　イタシマセンヨウニ　イキヤイキヤ　イタシマセンヨウニ　ケガアヤマチイタシマセンヨウニ　ワルイカゼニアイタテマツリマセンヨウニ　ワレラガオンナルレウス」（生月島　御崎地区）

図15　御水を打って玄関から悪霊を追い出す

家祓いは生月と平戸だけで行われていましたが、この他にも生月だけにしかない「野立ち」という創作の正月行事もありました。野立ちは野山に棲む悪霊が、放牧している牛に危害を及ぼさないように、昔から悪霊が棲むと言い伝え

図16　岩の隙間にオマブリを入れて悪霊を封じ込める野立ち　壱部

図17　池に御水を打ち，水の災難が起こらないようにお祓いをする　生月島元触小場

図18　御札様　運勢を占う16枚の御札

図19　引いた御札様を読む　生月島壱部

られてきた十数カ所をオテンペシャで祓い、サンジュワン様の御水で清め、オマブリを岩穴の中に棒で押し込んで悪霊が出てこれなくする行事です（図16）。この他、野立ちのときに子供が溜め池で事故に遭わないように、池に棲む河童に団子と御神酒をお供えする地区もありました（図17）。

詳しくは第八－二－eで述べますが、カトリックの「ロザリオの十五玄義」に由来する一六枚一組の小木片の御札様を引いて運勢を占うという、たいへん面白いカクレキリシタンの特徴をよく示す行事があります（図18）。生月と平戸にしか見られませんが、生月の壱部では「いただき」「ドメーゴ」、堺目・元触では「おしかえ」、山田では「御札受け」、御崎では「ばるた」、平戸根獅子では「御札受け」といいます。以前は毎月第一日曜日に集まってこの御札を引いていましたが、現在では年に三、四回行っています（図19）。元来はカトリックのロザリオの祈りに用いられていたものが、その意味がわからなくなり、いつの間にかおみくじを引き、運勢を占う行事に転化してしまいました。

図20　山田の全地区の役職者が集い，神主にお祓いしてもらう初田様の農耕儀礼

　その他、正月行事ではありませんが、なくてはならない行事として創作したものに、「麦祈禱」「田祈禱」「初田様」といった一連の農耕儀礼があります（図20）。また、無縁仏の供養行事といわれる「末七度《すえななたび》」、キリシタンの死者の盆であるといわれる「ジビリア様（お盆）」、新しく死亡した死者の供養の日であるという「オトボライ（お弔い）」といった死者供養行事があります。その他にも暑中の健康祈願行事とか神様の虫干しの日といわれる「土用《どよ》中《なか》様」、生月島でも山田

図21　岩の上に正座してオラショする中江の島の御水採り　生月島元触辻

地区だけですが、台風の風を治めて五穀豊穣を願う「風止願立《かざどめ》て」、無事に米が収穫できたことを感謝する「風止願成就」の行事が行われ、このときに併せて中江の島へ「御水採り」に行きます（図21）。

五　外海・五島地方のカクレキリシタン行事

五島・外海・長崎の行事の特色

五島の潜伏キリシタンは、そのほとんどが一八世紀の後半、外海地方の各地から移住して住み着いた信徒の子孫たちです。そのような経緯で、外海のカクレも五島のカクレも、信仰対象やオラショや行事など、基本的なことについてはほとんど差はありません。外海・五島のカクレキリシタンに共通する特徴の一つは、年間の信仰生活のサイクルが「御帳《おちょう》」と呼ばれる、一六三四年の太陰暦によるキリシタン暦（「バスチャン暦」）をもとに、新暦に直して行われています。

帳方は毎週日曜日に、その一週間の「良か日（祝い日）」と「悪か日（障《さわ》りの日）」を日繰帳で確認します。障りの日には農作業はしてもいいが、肥料を扱うこと、種まき、刈り入れ、釘を打つこと、針仕事は禁じられていました。祝い日の前にはゼジュン（Jejum）といって食事を一食省かねばなりませんでした。悲しみの入りと上がりの前の金曜日など、年間に一四日ある大斎の日には二食省いていました。障りの日は毎週日曜日と聖人の祝い日と、外海の伝道師バスチャンが捕らえられた日といわれる旧暦の二〇日と、処刑された二三日です。また年間を通して水、金、土曜日は卵、肉食は禁じられていました。金曜日はキリストが処刑された日なので、夫婦の交わりはタブーとされていました。昭和四〇年代頃までは、信徒たちは毎週日曜日の朝、帳方の家に集まり、その週の障りの日を確認するために「お聞き合い」を行っていましたが、しだいに集まらなくなり、信仰も希薄化していきました。

もう一つ、五島・外海に共通する特徴は、「サントスの役割」と「日々の御当番様」です。サントス（Santos）とはカトリックにおける聖人のことですが、何人かの有名な聖人に一定の役割を振り当てたもので、呪術的な性格が強いものです。たとえばサンアントス様（聖アントニオ）は落とし物を見つけてくれる神様、サンフランシスコ様は「雨の役」で雨乞いのときに、サンノレンソ様（聖ロレンソ）は「風の役」で、船出のときに漁の無事を祈願します。サンジュワン・バプチスタ様（洗者聖ヨハネ）は「水の役」で、水神様のような役割で、水を飲むときには「サンジュワン・バプチスタこ

図22　御誕生の行事を行う横瀬の故帳役 大浦盛衛氏

の水に毒の入らぬように、アメンゼズス」と唱え、その水を二、三度吹いたうえで飲むと記されています。「日々の御当番様」とは、日曜日から土曜日まで、曜日ごとに当番の聖人を一人ずつ割り当て、行事を行う際、その日の当番に当たっている聖人を通して供え物を神に捧げ、祈願するものです。

上五島　築地・横瀬の行事

築地・横瀬の全戸寄り行事は「御誕生」「願立て—願ぼとき」「作祭り」の三つです。「御誕生」は「オタイヤ（お待夜）」とも呼ばれます（図22）。サンタマリヤのお産の日で、出産前の一二月二四日の午後、三役だけが集まり一座（一座はガラッサのオラショ三三ベン）を上げます。同日の夜七時か八時頃、オハギやオニギリを持って集まり、最初に賽銭を上げて宝物様《ほうもつさま》と呼ばれる御神体を拝みます。安産のお届けの恩礼を全員で御帳に一座、宝物様に一座の計二座唱えます。夜一〇時から一一時頃無事出産したということで御神酒を供え、一座上げます。翌朝は三役が再び集まり、「明けの朝の座」として一座上げます。昔は一二月二四日の夜一二時頃から始めて、翌朝まで続いていたそうです。年が明けても八日目までは下肥を扱ったり、種まきや針仕事は禁じられていました。

「願立て」は大病が治りますようにと先祖に祈願する行事です。正月の第一日曜日に帳下《ちょうした》（末端の組織）全体の年間の家内安全のための願立てをし、一二月の最後の日曜日に「願ぼとき（願解《ほど》き）」を行います。このときは三役が揃います。「作祭り」は豊作祈願の行事で、梅雨上がりの適当な日に行います。築地では三役とポロス（末端の信徒）が、手作りのふくれ団子や餅などを作って寄ります。横瀬では一九五五年（昭和三〇）頃まではポロスも集まっていたそうですが、今では三役だけしか寄りません。

上五島　有福の行事

元旦にはクルワ仲間同士の「年始」を行い、二日は「御帳開き」という、クルワ全体の神様への初詣りを行います。六日には「仏様の祝い」といい、個人で宝物様を持っている七軒の家を一軒一軒回っていました。二月は「悲しみの入り（春の入り）」で、悲しみの四六日間は毎週日曜日団子をお供えし、悲しみの中日と悲しみの上がりの日は盛大に祝いました。五月には胡瓜などの初物を帳役のところに持っていく「サンジュワン様の祝い」、七月の梅雨明け頃には洪水で流された兄弟七人を供養する「御七人様の祝い」、土用には「雪のサンタマリヤ様の祝い」がありました。八月はご先祖様の供養の「お盆」、一〇月の米のとれる頃には初物の祝いをしました。一二月の「御誕生」には米と餅を持参して帳役宅に集まり、朝四、五時頃に餅をゼズス様にお供えしました。

中五島　奈留島前島の行事

奈留島で最後まで三役が揃っていた前島の帳内は一九九五年（平成七）に解散し、神道一本となりました。解散当時、前島の三五世帯八三名のうち元帳は二六世帯六三名でしたが、残りの九世帯も、もともとは元帳でした。前島の元帳組織は、帳方―水方―宿老《しくろ》の三役と一般信徒の「フレシタ」からなっていました。年中行事二七回のうち、帳方一人で行うものが半数以上の一五回、三役が集まるのが五回、全戸寄りが元旦の「年の始めのお初穂」、一月二日の「フレシタ中のセッソウ開き」、六月二三日の「さんじゅわん様てりさんじゅわん様」、九月二五日「烏賊鎚《いかづち》神社の祭」、一二月二三日から二四日にかけて行われる「御誕生と初日（オタイヤ）」、一二月三一日の「八日目」と「年末願ぼとけ」の七回ありました。

下五島　福江島　宮原の行事

三役が集まる年中行事は一六残っていますが、クルワの仲間が何人か集まるのは今では「セッソ開き」「作上がり」「諸々の人の弔い日」だけになりました。以前は一〇回くらい集まっていたそうです。御誕生から一三日目に当たる一月七日に「セッソ開き」をします（図23）。セッソとは鏡餅のことです。クルワの人が帳方と水方に年間のお礼として鏡餅を一個ずつ持っていき、御神酒を上げ、切って炊いた餅を神様に供え、仲間皆で一緒に食べる年頭の三役とクルワ仲間の触れ合いの日です。「悲しみの入り」は「初日」から六七、六八日目で、新暦の二月二八日です。「悲しみの上がり」は神様の復活の日で命日とされていますが、何の神様かはわからないそうです。その日は年に一回神様を出して拝む日です。「作上がり」は六月の稲の植え付けが終わってから七月の適当な日にします。一一月一日は「諸々の人の弔い日」で、すべての死者を弔う日で、先祖供養と秋祭りの日です。「御誕生（ゴタイヤ）」は御子ヒーリョー様が生まれる日で、毎年新暦の一二月二三日です。

図23　宮原の御誕生の行事

出津の行事

出津の宗団の全戸寄り行事は一月三日の「初穂開き」、一月四日の「御帳の祝いと祭り」、陰暦七月の「作上がり祭り」でした。初穂開きは組内の年頭の挨拶行事で、当日は帳方の本役の家で、翌日には帳方の脇役の家で「御帳の祝いと祭り」が行われました。出津にある二グループの御帳の役の神様に対する祝いと、この一年の無病息災を祈念して、田植えが終わった頃、組内全員が公民館に集まり、その年の豊作を祈願する創作の行事である「作上がり祭り」が行われました。この他に大切な行事として「御誕生」がありましたが、故帳方の中山力男氏は個人的に御誕生の夜九時から一二時までに六座（一座はガラサミチ五三ベン）を唱え、夜中が過ぎてから御母サンタマリヤ様と御子様に御恩礼として一座唱えました。御誕生から六六日目の「悲しみの入り」はかならず水曜日に当たり、それから四六日目が「上がり」で、土曜日か日曜日に当たり、その日は各家でメダイを出して拝んだそうです。

黒崎の行事

黒崎の宗団の全戸寄り行事も「お告げの日」「悲しみ上がり」「御誕生」の三回だけです。昔は「七人のマルチルの日（御七人様の祝い日）」にも集まっていました。しかし、両者には大きな違いがあり、出津と黒崎は隣村であったにもかかわらず、出津の全戸寄り行事はすべて創作の行事であるのに対して、黒崎はすべて伝承の行事です。行事の基本の形は、信徒が帳方宅に持ち寄ったカクレの神様である「宝物様」を座敷に飾り、その前に御初穂（お供え）として宝物様に向かって右に盃二個と刺し身二皿の膳を、左側にご飯を盛った茶碗二個と煮シメ二皿の膳をお供えします（図24）。葬式のときは逆に並べます。座卓を取り囲むようにして座し、帳方が親指で十字の印を切ってオラショを上げます。外海・五島ではオラショは声には出さず口の中で唱えていましたが、最近では葬式や全戸寄りの行事のときには、信徒の要望によって声を出すようにしています。

オラショが終わると御初穂を下げ、以前はひとりひとり順番に御神酒と魚を回して手のひらに取り分けて頂いていましたが、今は人数分用意された小皿に取って全員で一緒に頂くようにしています。現在では御神酒を頂くとき、帳方が「この尊き御血が私たち全員の糧となりますように」、ご飯のときには「この尊き御体が私たち全員の糧となりますように」と唱えています。この言葉は先祖からの伝承ではなく、カトリックに対して強い親和感を抱いた先代の故帳方村上茂氏によって、カトリック風に改変されたものです。カクレキリシタンの再カトリック化の流れの一事例として興味深いものです。

図24　出津の初穂開き行事

長崎市内　家野町の行事

現在、家野町は長崎市の第二副都心といわれるほど開けてきた住吉地区に隣接し、長崎大学本部の裏手にあります。潜伏時代を通じて惣頭（帳方）―触頭（水方）―聞役という三役組織がありましたが、大正末期か昭和初期頃までには崩壊し、その後は、どうしても必要な洗礼や葬式だけは外海からの応援を得て続けていたようです。最後まで信徒の一人であった峰美保子氏（一九二三年〈大正一二〉生まれ）によれば、昭和三〇年代には信徒だけでしたが、まだカクレが四〇軒余り残っていたそうで、一九八七年（昭和六二）には一二軒に減少し、平均年齢も七五歳と高齢でした。

家野町で最後まで残っていたカクレの行事を見れば、けっして欠くことのできない大切なものは何であったかがわかります。それはキリスト教でもっとも大切な悲しみ上がり（復活祭）や御誕生（クリスマス）ではなく、「命日寄り」という先祖供養行事でした。命日寄りは、仲間の誰かの先祖の正月命日や祥月命日の供養を行うとき、他の仲間も寄り合って「御仏様《みほとけさま》」と呼んでいたマリア観音にご飯とお茶を上げ、オラショを唱えるものです。祥月命日には御神酒も上げましたが、御神酒を頂くときには「この御神酒はリュースかいきの酒をオーザン・メザン我ら悪人なれど、クロス仲間に与えさせてくださりますように」と唱え、盃を回すときには「この御神酒の酒は、リュースかいてん様でヒューリュー様にお願いします」と唱えました。

家野町で最後まで残った唯一の行事である「命日寄り」への参加者も解散前は四、五人程度でした。一九九四年（平成六）峰氏の舅さんの五〇回忌のときは二、三人集まって命日寄りをしましたが、新築祝いの命日寄りには誰も集まらず、家野町のカクレキリシタンは自然消滅してしまいました。

第六　お授け（洗礼）と戻し方（葬式）

一　お授け

お授けの意味

洗礼はキリスト教の諸儀礼の中で、もっとも大切にされてきたものの一つです。日本においてもまた、キリシタン時代から現在のカクレキリシタンに至るまで、大切なものとして特別に厳格に伝承されてきました。洗礼はキリスト教徒として認められる加入式で、それまでの生活を心から悔い改め、生まれ変わるという意味を持った、豊かな死と再生の象徴的な儀礼です。

洗礼の意味について各地の代表的なカクレキリシタンの方々に質問してみましたが、確信を持って答えることができた人はほとんどいませんでした。こうするという伝承面はしっかりしているのですが、その意味はという教義面は弱いのです。

生月島の故オヤジ様S氏は「キリシタンになること」、五島列島奈留島の故帳役M氏は「人間に生えている角を取るためである。角は罪を意味する。人間の罪を取り去り、キリストの身内になること」と核心をついた回答をしてくれましたが、両人はキリシタンのことをよく勉強していた例外的な人でした。「わからない」という人が多く、「あんたのほうがよう知っとるじゃろう」などとうまくかわした人もいました。大切なお授けの意味すらしっかりと認識されてはおらず、先祖より伝えられた儀礼の一つとして守り続けてきたというのが実態です。

何と呼ばれているのか

長崎県下各地のカクレキリシタンの間では「洗礼」という言い方はされていません。生月島では広く「お授《さず》け」と言っていますが、「御水受け」「授け受け」という呼び方もあります。平戸島根獅子では「名付《なづ》け」といいます。外海の出津ではキリストが生まれて三日目に洗礼を受けたので「ミツメ」といい、先述したように、人間に生えている角を取る儀礼なので「角欠《つのか》き」というそうです。五島でも同様に「ミツメ」とか、「角欠き」といいます。本書ではお授けという呼び方で統一します。

潜伏時代からお授けは人に見られてはいけないといわれてきたのでしょうか、古くは悲しみ節（復活前の四旬節）の四六日間の、早朝三時か四時頃にお授けは行われていたそうです。クリスマスに当たる御誕生から一週間内に授けていたところもあります。子供が生まれて三日目とか、三歳から五歳頃までの幼少期に授けるのが普通でしたが、のちには元服の一五歳くらいまでに行われるようになりました。近年では都合のよいときにいつでも行われ、また何歳までに受けねばならないというような決まりもなくなりました。

役職者

お授けを行う役職者は生月では「オジ様」、平戸根獅子では「水の役」、外海・五島では「水方」「看坊」あるいは「向役」と呼ばれていました。この役はお授けを行うことがほとんど唯一の職務で、生月島では古くは「オジ役」ではなく「お爺役」と呼ばれ、組織の中でもっとも信頼のある長老格が務めるものとされ、最高の役職と見なされていました。戦後、お授けがしだいに行われなくなるにつれてその地位は低下していき、実質的にはお授け以外の諸行事を一手に行う「オヤジ様」がもっとも重要な役割を果たしています。

生月島、五島、外海いずれの地区でも、お授けがほとんど行われなくなると、この役職者は実質的には何もすることがなくなり、形だけのものになっていきました。それゆえ、後継者の選出は意味をなさなくなりました。しだいにオヤジ様や帳役の後継者獲得が困難になったこともあって、オヤジ様や帳役が他の役務も兼務するようになり、一人で三役を兼ねる組織も珍しくなくなりました。この伝統的な三役制度の崩壊が解散を早めた一因であることは否めません。

図25　中江の島から採ってきた御水にお魂を入れる故オジ様 大岡留一氏

お授けに用いられる水

カトリック教会では洗礼にはかならず水が用いられますが、その水は自然水ならばどのような水でもよいとされています。しかし、お授けを大切な儀式として伝承し続けてきた日本人信徒の感覚からすれば、どんな水でもいいというわけにはいかなかったことでしょう。何か特別な意味を持ち、力を有すると考えられた水を求めたのは自然なことです。たとえば殉教者ゆかりの水とか、宣教師や伝道師などがいつも使っていた川や井戸の水などです。そのような水には特別な聖なる力が秘められていると考えられ、お授けをさらに神秘的なものとしたことでしょう。

生月島の壱部のカクレキリシタンたちは、中江の島から採ってきた水にさらに「お魂入れ」の儀礼を行い、霊的な力を付与して神性の宿った水としています（図25）。お魂が入れられた水は「サンジュワン様の御水」と称され、御水自身が御神体のように大切に扱われています。堺目、元触、山田では中江の島から採ってきた御水は、すでに聖水であると考え、あらためてお魂を入れるというようなことはしません（御水については第八―二参照）。

平戸島の根獅子では、元旦の朝三時か四時頃、七人の水の役が全裸になって井戸の水をかぶって体を清め、殉教者「オロクニン様」が使っていたという井戸の水を採りに行きました。採ってきた水は「神水」と呼ばれ、お授けや葬式、家祓いなどに使われました。途中で人に見られたら、家に帰って最初からやり直さねばならないとされていました。

出津では、以前は外海の伝道師バスチャン様の小屋の水がお授けに用いられていたそうですが、最近では井戸の水を使っているそうです。樫山では天福寺の前にある井戸の水を用い、奈留島の永這や汐池では、自宅や共同井戸の水を使っていたそうです。水に対してオラショを唱えたりはしませんでしたが、お授けのたびに新しく汲んできたものを使っていたそうです。生月や平戸に比べ、五島や外海は御水に対する聖水観念は希薄です。

さまざまなタブー

お授けはもっとも厳格な儀礼でしたから、お授けを頼むほうも、頼まれるほうもいろいろな決まり事がありました。お授けを受ける人の実父や叔父叔母が、お授けを受ける三日前とか一週間前に、着物を着て正装して頼みに行きました。

生月島ではオジ様はお授けを頼まれると、普段にもまして身を清らかに保つように最大の注意を払い、一切のケガレを避け、精進生活を送ります。お授けの一週間前から終わるまで夫婦関係を断ち、牛の世話や下肥などの不浄も避けました。お授けが終わってからも一週間は毎日御神酒と魚を御前様にお供えし、ロッカンのオラショを上げました。

故オジ様（兼オヤジ様）大岡留一氏は、お授けのために一二月の早朝四時頃、玄関の外で全裸になって頭から水をかぶります（図26）。濡れた体は拭きもせず、下着も着けずそのままバンバ様（妻）から御用《ごよう》着物を着せてもらいます。タオルで拭けばタオルについたケガレが移ると考えるのです。新品のタオルならばきれいだと考えるのは合理主義的な現代人の発想で、俗世の一切がケガレた存在なのです。

図26　12月の早朝，お授けのために全裸で水垢離をとる大岡留一氏

御用着物とは、代々伝えられてきたお授けのときにだけ用いられる聖なる着物です。座敷の畳に直接座れば畳についているケガレが移るかもしれないので、たとえ座布団を敷いたとしても、さらにその上に聖なる御用茣蓙が敷かれます。下着も新品であっても、ケガレたものと考えてはきません。お授けが終わるまでは便所に立つこともできません。小用を足すときには、バンバ様に手伝ってもらいます。手にケガレが移らないようにという配慮です。これらのタブーが聖水である「サンジュワン様」を取り扱うときの心構えであるとされています。これから見てもサンジュワン様（聖水）はお授けの

道具などではなく、それ自体神的な力を秘めた霊的存在と考えられてきたことを示しています。

　オジ様にはお授けのときだけではなく、日常生活においてもさまざまなタブーが課せられています。オジ様は必ず一番風呂に入らねばならず、タオル、石けん、洗面器、タライなどは専用のものが用意されています。洗濯物も家族のものと一緒にしてはならず、洗濯機を二台備えている人もいます。物干し竿も専用のものを使い、オジ様の干し物の下をくぐってはいけないとされています。

死者へのお授け

　洗礼はこれから信者として生きようとする人のために行うものですから、カトリック教会では洗礼を受けずに死んだ者に対してまず洗礼を授け、それから葬式を行うというようなことはしません。ところが、ほとんどの地区のカクレキリシタンはお授けを受けていない死者に対しお授けを行っています。このことはカクレの信仰が個人の宗教ではなく、家の宗教であるという意識が強いことを示しているといってよいでしょう。死後であっても、まずお授けをしてやらなければ、先祖の待つキリシタンの他界に送ってやることができないと考えたからでしょう。

　生月島ではお授けを受けていない死者に対し、かならず葬式前に授けるというわけではありませんが、実際に死者に水をかけるところもあれば、死者の着物や写真に対して授けるところもあったそうです。遠隔地で死んだ場合は、死者の着ていた着物を送ってもらい、お授けをすることもありました。

出津では病人や臨終の人に対するお授けは、アネスデー、コンチリサンのオラショを一二回唱え、霊験あらたかだったそうです。古野清人によれば、外海の西樫山では、流産した子供にもお授けをしてから葬ったといいます。奈留の永這では、生児とまったく同じように、死んだ子を抱いて授け、流産児にはオラショを唱えたといいます。

お授けの有効性

カトリック教会では水の洗礼（水洗）、望みの洗礼（望洗）、血の洗礼（血洗）の三種類の洗礼を認めています。普通、洗礼といえば、水によって行う水洗を指しますが、次の条件を満たしていなければ有効と認められませんでした。受洗者の額か体の上に水をかけながら洗礼式文（洗礼を授けるときに唱える言葉）を唱えること。洗礼式文の言葉は一字一句たりとも省略してはならず、正確に唱えることです。

洗礼式文は洗礼の儀式におけるもっとも大切な言葉で、日本語文とラテン語文があります。一六〇〇年（慶長五）長崎版ローマ字本『ドチリイナ・キリシタン』によれば、たとえばペイトロとかパウロとか洗礼名をつけて、日本語文は「いかにペイトロ、パアデレと、ヒイリヨと、スピリツサントのみ名を以て汝を洗ひ奉る。アメン」、ラテン語文は「ペテレ、エゴ　テ　バウチゾ　イン　ノミネパアチリス、エッ　ヒイリイ、エッ　スピリッス　サンチ、アメン（Ego te baptizo in nomine Patris, et filij, et Spiritus Sancti, Amen)」と唱えるようにと書かれています。

筆者が採集した各地のカクレキリシタンの洗礼式文（御要文《ごようもん》）の中から、五カ所ほど紹介してみますが、生月島では日本語文、外海・五島ではラテン語文が残っています。変容の度合いを見るための参考になります。

①「サンミギリ様、サンジュワン様、シゴのアンジワン様へ申し上げます。ドメーゴスが水の言葉を入れまして、只今ドメーゴスがレエウスバイテロヒーリーヨスベリトサントウのみなを以て、なんじ洗い奉る。ナールヤ御み言葉も授け給ふ」（生月島　元触　辻）

②「此の水と申するは、さんじわん様のうみ出したる、サカラメントウ様のお水、只今いただかせますでうすばーてろ、ひーりょう、すべりとさんたの道のぺれすのひとつの御印もっておおがみ頼み奉る。御身地蔵地蔵さんたまりや」（生月島　山田）

③「ツノメモ　ツツム　ヨコテパテル　スベリチチ三トパウチイズモヲノ　インノウノ岩ノ瀬ノチンズノ水」（上五島　若松町　築地）

④「イノメバーテル　エッヒーリュー　スベリトシサン　バーチイヅモーノ　インノーノイワチンズーノミヅヨ　アンメンジヨース　アンメン」（下五島　宮原）

⑤「サン○○○様以後でバウチズモのいいの水のパアテル、デウス、ヒリオ、デウス、スピリト、サントのアンメーデウス（女性の場合はサンのかわりにサンタをつける）」（外海　出津）

江戸幕府の厳しい禁教下、一人の司祭もいない潜伏時代、口伝えによるしかなかった洗礼の儀式は、いかに注意を払ったとしても、変容をまぬがれることは困難でした。幕末に再渡来したパリミッション会の宣教師たちが、潜伏キリシタンの存在を発見したとき、宣教師にとってもまた信徒たちにとっても、最大の関心事、憂慮すべきことは洗礼の有効性の問題でした。もし洗礼が無効だったとしたら、先祖たちはキリシタンとは認められないということになり、死後、パライゾ（天国）で親兄弟などと会えないかもしれないからです。

式次第

洗礼の式次第とそのときに唱えられるオラショは、地域においてかなり差異があります。ここでは生月島の故オジ様大岡留一氏のツモトにおけるお授けのケースを紹介します。カトリックの洗礼の儀式よりもかなり複雑です。

1　受洗者と抱き親（カトリックの洗礼における代父母）がオジ様の家に行く。

2　オジ様は自宅の玄関前で全裸になって冷水をかぶり体を清める。その際、バンバ様が「谷川の水と申するはジサンの汚れた体を洗い清め奉る」と唱えながら、頭からバケツで水をかける。オジ様は濡れた体を拭きもせず、下着も着けず、直接バンバ様から御用着物を着せてもらう。

3　オジ様はお授けを行う座敷に座り、お授けの言葉を間違えないようにと祭壇に向かってロッカンのオラショを唱える。

4　オジ様が、「ジワン（オジ様の洗礼名）　それがーし　デーウスと　パーテルと　ヒィリョーと　スベリトサントーのおん御名をもーて　われただいま　ご名代《みょうだい》を仰せつけられしゆえ　サンミギリ様　サンジョワン様　シゴ（守護）のアンジョウ（天使Anjo）様の御取合わせをもーて　御内《ない》証《しょう》にあい奉り申すようにおんじし（御慈悲）の上に頼み申すためにロッカンのオラシャ　ケレンド一ぺん申し上げ奉るなるや。アンメゾー」と唱える。このとき受洗者の額に右手親指と人差し指で十字を作って当てる。　（　）内は筆者の補注

図27　額に聖水をかけてお授けを行う

5　ここからがお授けですが、受洗者が幼児の場合は抱き親が抱き、大人の場合は受洗者の側に付き添う。オジ様が、「ジワン　それがーし　デーウスと　パーテルと　ヒィリョーと　スベリトサントーのおん御名をもーて　われただいま　＊なんじ洗い奉るなーるや。アンメゾー」と唱えます。＊のところで額に普通の水をかける（図27）。

6　オジ様はお魂入れが行われた聖水の入った盃大の小さな器に、イズッポ（水をつける棒）の先を浸し、受洗者に二回クロス（十字の印）を引きながら、「この御水をも

ーて　お授けもーす」と二回繰り返し唱える。

7　オジ様は、「ジワン　それがーし　御身の御言葉で御水を授け申したるアニマと申すは　親は○○○（抱き親の洗礼名を言う）でござる。その子は△△△（受洗者の洗礼名を言う）と申す。御前の御帳《おちょう》につけさせられしくしてくださるように　サンミギリ様　サンジュワン様　シゴのアンジョウ様のおん取合せをもーて　ご内証にあい奉り申す様に　おんじしの上に　頼み申すためにロッカンのオラシャ　ケレンド一ぺん申し上げ奉りなるや。アンメゾー」と唱える。

8　オジ様はお授けが無事に終了したことに対し、神寄せをしてから御恩礼のロッカンのオラショを唱える。受洗者と自分に対してクロスを引く。

9　バンバ様が御神酒、セーシ（スルメ）、ナマスの膳を座敷に運び、まずオジ様は神様にお届けしてから、受洗者と抱き親と一緒に頂く。

10　これでお授けの行事は終わりますが、オジ様は座敷のサンジュワン様（聖水）に対してロッカンの御恩礼を上げる。

11　その日の晩、受洗者の家で「後祝い」が行われ、オジ様も呼ばれる。

なぜ廃れたのか

生月島でお授けが行われていたのはほぼ昭和時代の終わり頃までです。山田地区では終戦後は一人も行われていません。堺目ではお授けはしなくてもよいという祈禱師の神託があり、一九八〇年（昭和五五）以降行われなくなりました。元触や壱部では平成初期まで続いていましたが、現在では行われていません。平戸根獅子も一九五七年頃で途絶えています。

外海の出津では、故帳役兼水役中山力男氏は四、五人に授けましたが、最後は一九八二年頃であったといいます。出津の黒崎では、故帳方兼水方村上茂氏は一九八七年に四、五人の子供に授けたそうですが、その後、継続的に受洗者がいたとは思われません。樫山も一九六五年頃が最後であったといいます。五島の奈留島永這の故帳役道脇増太郎氏の次男道脇国雄氏によれば、「一九七一年に父が死亡してから組織が解散したが、戦時中からもうなかったのではないか」ということでした。五島のその他の地域でもほぼ昭和五〇年代初頭頃になくなったようです。

お授けはもっとも大切な行事として守り伝えられてきたのに、なぜ多くのカクレキリシタン組織で、終戦後あるいは昭和五〇年代初頭頃にお授けが行われなくなったのでしょうか。生月の人々が異口同音に言うのは、若者は島外に出て行き、戻ってくることは期待できない。お授けを受けた人は、死んだときにはカクレ式の葬式である「戻し方」をしなければならないが、都会では無理なので、もし授けるとしたら島に残る可能性のある後継ぎの長男だけだが、彼らが成人して死ぬ頃までカクレが続いているかどうかも疑わしいので、先々問題が起きないように、いっそのことお授けはしないほうがましだというのです。

外海・五島ではお授けと葬式との関係は聞きませんが、五島の過疎問題は深刻で、高齢になった現職の役職者の後継者を見つけることはほとんど絶望的です。そのような状況の中で、新たに子供たちにお授けをすることの意味は見出せないというのが本音のようです。いまさらカクレを強制するわけにもいかず、子供たちが大人になって、自分で好きな宗教を見つけてやっていってもらうしかないというのが、あきらめも含んだ正直な親の気持ちのようです。

二　戻し方

経消し―カクレ式と仏式の二重の葬式

お授けは消滅しても、葬式はいかなる形であれなくなることはありません。潜伏時代には寺請制度によってかならずどこかの寺に属し、葬式は檀那寺の僧侶によって仏式で営むことが義務づけられました。潜伏キリシタンたちにとってこれは一大事でした。キリシタンの葬式で送られた先祖は、キリシタンのあの世にいるはずですが、仏式の葬式が義務づけられた潜伏キリシタンは、仏教のあの世に送られることになり、来世で再会できなくなります。そこで何としても先祖が待つキリシタンの他界に行くことができるようにと考案されたのが、「経消し」のオラショと、仏式とキリシタン式の二重の葬式でした。

いったい誰が考案したのでしょうか。仏式の葬式が行われている間、死者を冥土へ送るために唱えられているお経の効力を消す「経消しのオラショ」をキリシタンたちが唱え、仏葬が終わるとあらためてキリシタン式の葬式を行ったのです。潜伏時代より今日まで、仏式とキリシタン式の二重の葬式が行われてきました。彼らは今でも二重の葬式を行うことに疑問を抱いてはいません。「先祖が守ってきたやり方を、忠実に伝えていくのが自分たちの信仰のあり方」という、彼らの信仰の根本姿勢を示すいい事例です。

僧侶のほうも心得たもので、非難めいたことは言いません。むしろ互いに存在を認め合い、共存してきたといってもいいでしょう。江戸時代にキリシタン取り締まりの監視役的な任務を負わされた寺側は、潜伏キリシタンたちが寺の門徒としての務めをちゃんと果たし、良民である限り、ご法度のキリシタンとわかっても知らぬ顔で放置しておいたと思われます。事を明らかにすることは、自分たちにもいかなる処罰があるやも知れず、また檀家を失うことになり、何ら益はなかったからです。カクレをやめて完全な仏教徒となった人たちの中には、昔からお寺に守ってきてもらった恩義があるからという人も少なくありません。

「経消し」は当初はたしかに仏教否定の気持ちから生まれたものかもしれませんが、今ではキリシタン式の葬式も、仏式の葬式もともにご利益があると考えており、二重の葬式における仏教否定の意識はまったくありません。もし、あるとするならば、お寺に葬式を頼まなければすむことで、何ら支障はないはずです。カクレキリシタンとは、けっして仏教や神道を隠れ蓑として秘かにキリシタンの信仰を守り通してきたのではなく、先祖代々、仏教の仏様も神道の神様もキリシタンの神様もそれぞれにご利益があり、ありがたいものとして拝んできたことを今一度思い起こしてください。

「経消しのオラショ」の例として、一八〇五年（文化二）天草崩れがあった高浜村の「宗門心得違調方口上書帳」から紹介します。呪文化して意味はまったく理解できません。

「佛経ヲ消ス法　キリズ丸ト言合掌也　合掌ハ経ト言也　キリリズ。キリステレス。キリリズバテノト。コトヤノドロボウメシ。ツブタノソヲソヲ。ゼエメンデエウス。ネブトニモウソテ。ノウヅウシイ。イチネン十ゼントタツヨウニ。セリヤア。エブラノウ。サンタ丸ヤ。アンメンゼンス　アンメンゼンス」

「経消しのオラショ」の例をあと二つ紹介します。一つは新上五島町榊ノ浦郷月の浦で、葬式は仏式で行っていましたが、葬式が終わるまで元帳の四役は別に家をとって、次の「お経崩しのオラショ」を唱え、僧侶が帰ってからカクレの送りをしていたそうです。

「アリマいき道いたらんさまたげひとつ、しきしんふたつこの世界、三つ天狗に今日敵にしたがわれ申さん様に、アリマてらすに捧げ頼み奉る」

もう一つは、長崎市内家野町ですが、僧侶が読経している間、婦人たちは死者の家よりも高い位置にある家に集まって、「垣より外。垣より外」と言ってお経がお棺の中に入らないようにし、お経の効果を消すために次の「経消しの祈り」を唱えました。

「万事にかない給いて、たすかり道はひとつなり。三つくるいと、七つコツベンさんにつなをかけ、天科さんに棹をさして、道々乗っていくときは、だいそく一本の光を持って、道の敵霊に従わざらんように、アニマは守護のごアンジョス様に頼み上げ奉る」

「戻し方」と「送り」

生月・平戸地方では葬式のことを「戻し」または「戻《もど》し方《かた》」、外海・五島地方では「送り」といいます。いったいどこに戻したり送ったりするというのでしょうか。カトリックでは人間は神によって命を与えられたものであると考えられています。戻し（送り）という言葉がいつ頃から使われたのか定かではありませんが、かなり古いものだとすれば、カトリックの教えによって、死者の魂を元の場所、すなわち「パライゾに戻す（送る）」という意味だったことでしょう。

このことは生月における「お魂入れ」と「お魂抜き」という考え方（第八―四参照）によく似ています。神様もお魂を入れることによって生命を与えられ、お魂を抜かれることによってその生命を終えます。同様に人間も「お授け」によってお魂を入れられ、アニマを有する生命ある存在となり、「戻し」によってアニマを抜かれると死に至るということになります。「お授けを受けた人は戻しをせねばならない」という言葉の意味は、このように解釈できるのではないでしょうか。むろん現在のカクレキリシタンの人たちは、パライゾという言葉そのものが理解できなくなっていますから、パライゾに送ると言われても、どんなところに行くのかわからないというのが実情です。

死者へのお土産

納棺にさいして、死出の孤独な旅の途中、さまざまな災厄から身を守るためのお守りや、思い出の品を持たせてやるという風習は、死者に対するせめてもの思いやりの表現です。キリスト教でも死者が生前愛用していた十字架やロザリオなどを持たせてやることは一般的に行われてきました。潜伏キリシタンたちはお棺に「キリシタンの道具」を入れたり、死者の衣に十字を縫いつけたりしました。

生月島ではどこの地区も、死者へのお土産として、紙の十字架である「オマブリ」を持たせます。壱部ではオジ様がオマブリに中江の島から採った聖水を打ってお魂を入れます。男の場合一枚は右耳に、もう一枚は着物の左の衿に入れます。女の場合一枚は左耳に、もう一枚は右の衿に入れます。辻では死者の左胸に入れてやり、火葬のときは骨壺に入れてやります。平戸の根獅子でも、辻元様が正月に切ったオマブリを持たせてやります。

出津では死者のお土産には、バスチャンの椿の木を少し削って三角布に縫い込んで頭に巻いてやります。御棺には花や日常品を入れてやり、家から担ぎ出すときには「みすてかどすておいて、つち、みち、体はハコベなりアメン」と唱えます。上五島の築地《ちじ》や横瀬では、死者への土産として、過年度分の使い古しの日繰帳を半紙に包み、袂に入れて持たせてやります。福江島の宮原では、ローマで迫害を受けたときの薄い紫色の布切れといわれるものと、外海のカクレキリシタンが大切にしている「バスチャンの椿」の木片を、帳方が死者の合わせた手の中に半紙にくるんで持たせてやります。

風離しと出立ち養生

生月島の壱部と堺目では、葬儀の一部としてたいへん珍しい行事が行われてきました。死者が出ると、「戻し方（葬式）」が行われる前日に、「風離し」を行います。風離しとは悪霊や外道《げどう》などその人に憑りついている悪い風をお祓いする儀式です。とくに頓死、変死、野山で死んだときなど、邪を祓うために行われます。死者に対してまず風離しを行い、死者の身を清めてから戻すわけですが、生前重態のときに行うこともありました。風離しには病者の全快を祈って、悪霊が嫌うという炒った大豆をまきます。生きている人の風離しには「ミジリメン」のオラショを唱えながら一三三個、死者の場合には六三個、部屋の四隅にまきます。出立《でた》ち養生とは死者があの世で病気をしないように、親類がお金を出し合って、死者の養生をするものです。

生月島壱部の戻し方次第

戻し方の式次第や言葉は、生月島の中でも地区によってかなり相違があります。各カクレキリシタン宗団内において、葬式はそれほどしばしばあるわけでもなく、そのうえに、ノートに書き記した戻しの言葉を読み上げることは許されず、暗記せねばならないことになっています。もし、戻しの言葉を途中で言い間違えたり、詰まったりしたら、行くべきところへ送ることができないかもしれないので大変なことになります。このような大変な緊張の中で行われますから、葬式は部屋を閉め切って家族や関係者も立ち会うことは通常許されないことが多いのです。筆者も二七年間生月島に通って、戻し方に立ち会うことを許されたのは一度きりです。ここでは、詳細な聞取調査を行うことのできた、生月島壱部岳の下の事例を紹介することにします。

1　オジ様は自宅で死者へのお土産としてオマブリを二枚作り、聖水でお魂を入れる。

2　無言で葬家の死者の部屋に入り、上座についてから挨拶をする。

3　「これから戻し方をいたします」と言って、ロッカンの御恩礼を上げる。

4　お酒が出て、死者のアニマの名（洗礼名）を尋ね、「世界の〇〇（死者のアニマの名を言う）、悪の世界より、御前に召し取られましたので、何卒生きしょうの内に誤りました罪とがをおん許し下さいまして、七日七日四九日が間、おん導き下さいまして、道の流浪などいたしませせん様にパライゾウの異状どころにお助け下さいます様に」と申し上げる。

5　オジ様は死者を抱き起こし、用意されたロウソクに火を点け、「〇〇さん、これからジサン（＝オジ様）がお光を見せますから、このお光の行くごと行くことですよ」と二回繰り返す。

6　ここからが戻し方の「御言葉」です。

①「如何にクロース（Crus＝十字架）自らかからせ給う人間の悪のけ給いや御印一心にくらみなし拝み奉る。人間の悪のけ給いや逃る為にべきものなり。尊《たつと》き八日《ようか》の七夜《しちや》様（Eucharistia＝聖体）を授かる人はこの御《ご》コンタツ（Contas＝ロザリオ）の御功《おんく》力《りき》を以て、いつも天のパライゾウ（Paraiso＝天国）なり　アンメゾー」と唱え、第一回目のロウソクを死者の顔に向かって一息で吹き消す。（（　）内は筆者補注）

②　ロウソクに火を点けてもらい、「十一カ条のオラショ」を唱えて戻します。ここで第二回目のロウソクを死者の顔に向かって吹き消す。

③「あーあさましや　あさましや　あさましや
花の都をふりすてて　花の都をふりすてて　花の都をふりすてて
花の都をふりいでて　花の都をふりいでて　花の都をふりいでて
七谷八谷　七谷八谷　七谷八谷
たの水かかるは今ばかり　たの水かかるは今ばかり　たの水かかるは今ばかり
世界の御水のかけしまい　世界の御水のかけしまい　世界の御水のかけしまい
アンメゾー」

と唱え、アンメゾーと唱えるときに御水をかける。ここでオマブリ二枚を死者にお土産として持たせる。

④「しろきんしょうを見せ申す　しろきんしょうを見せ申す　しろきんしょうを見せ申す　しろきんしょうにまかれ申す　しろきんしょうにまかれ申す　しろきんしょうにまかれ申す　アンメゾー」

と唱え、このとき、親指を死者の顔に当ててクロスを引き、布をかぶせる。

7　ロッカンの御恩礼を上げ、「世界の○○○（死者のアニマの名を言う）、悪の世界より、御前に召し取られましたので、何卒生きしょうの内に誤りました罪とがをおん許し下さいまして、七日七日四九日が間、おん導き下さいまして、道の流浪などいたしません様にパライゾウの異状どころにお助け下さいます様に」

と申し上げ、死者にも自分にもクロスを引いてロウソクの火を吹き消す。

8　戻し方が終わり、別座に御神酒、魚、飯、汁、膾の膳が出される。

9　オジ様は自宅に戻り、「お着きの御恩礼」をロッカンで上げる。

こうしてカクレの葬式である戻し方がすむと、僧侶を迎えて通常とまったく変わらない仏式の葬式が営まれます。仏式の葬儀が終わると、出棺後ただちに、役職者でなくとも御誦《ごしょう》を唱えることができる人を三人雇い、ミジリメンのオラショを唱えながら、「塩・御水・オテンペシャ」で死者の家と、僧侶が近所にとった宿の家祓いが行われます。歴史的には僧侶が関わった場所はケガレと考えられ、家祓いを行ったのでしょうが、現在ではそのようなことを考える人はいません。ただ先祖代々の風習として継承されてきたのです。

葬式の後、一週間目に新仏を仏壇に納める「壇上げ」が行われ、三人か四人のオラショを上げる御唱人が一通りのオラショを唱えます。三五日目には三人の御唱人が、四九日目には四人の御唱人が一通りのオラショを上げます。一〇〇カ日目には三人か四人の御唱人で一通りのオラショと長座《ながざ》（お七《しっ》百《ちゃく》）のオラショが上げられます。その後、一周忌には一通りのオラショと長座（お七百）が上げられ、さらに三回忌から、七、一三、一七、二五、三三、五〇年忌まで供養が行われ、弔い上げとなります。

平戸島根獅子の送り次第

根獅子では死者が出ると、その日に拝み事（オラショ）を知っている人が枕経をします。枕経は「オラッシャ」といい、「死人のオラッシャ」を唱えます。そのとき死者の胸にカセグリという、十字の形になる糸紡ぎを乗せ、死者へのお土産として辻元様が正月に切ったマブリを持たせてやりました。それから寺に連絡し、読経してもらいました。

二日目に仏式の葬式を営みます。葬式が行われる家の近所に「坊様宿《ぼんさまやど》」が取られ、僧侶が葬式に出かけた後、水の役二名が宿元になった家を祓います。そのとき経消しをしましたが、意味がわかっている人は少なかったそうです。その間、辻元様も自宅でオラショを上げて送ってやっていたそうです。

葬式が終わると、その家に水の役が一人だけ来て、一通りオラッシャを唱え、家の祓いを行いました。

福江島宮原の送り次第

宮原では葬式のことは「送り」といいます。本来は僧侶を呼んで仏式で行いましたが、一階で読経が行われている間、二階では元帳（五島ではカクレキリシタンとはいわず元帳とか古帳といいます）の三役が集まってカクレ式の送りを同時にしていたそうです。最近ではかならずしも僧侶は呼ばず、元帳だけですませる人も、また元帳と神道の葬式である神葬祭の両方でやる人もいるとのことです。

宮原での元帳の葬式は次のような手順で行われます。

1　臨終の者に対する唱え

昔は臨終になると帳方が呼ばれて、よいところに往生できるように枕元でオラショを上げていたそうですが、最近では臨終に呼ばれることはないので、死亡の通知があり死者の家に呼ばれると、まだ生きているものとしてパライゾの一員に加えてくださるよう「最期のオラショ（御《お》巻文《まきもん》）」を唱える。

2　死亡の届け（葬儀の前日）

葬式の前日に、神に対して死亡の報告である「死届け」を申し上げ、聞き届けていただいたお礼にガラッサ三三ベン唱える。

3　棺の準備

葬式当日、入棺準備として死者に着物を着せ、死者の家の別室でオラショを上げる。戦時中に戦死者を合同葬儀などしたときには経消しをした。お礼として「最期」一ペン、「助かり道」一ぺん、「ケレンド」一ペン、「コンチリサン」一ペン、「アベマルヤ」三三ベン、「バイテル」一ペン、「ミチビキ」一ペン唱える。

4　納棺お礼、送りのお礼、出棺のお礼として、それぞれ「アベマルヤ」五三ベン、「ケレンド」二ヘン、「バイテル」一ペン唱える。

5　見送り

元帳の役職者たちは野辺送りには参加せず、葬式当日、出棺後「ミチビキ」一二ヘン唱え、死者を見送る。

6　死者への供養の唱え

葬式の翌日、役職者たちが集まり死者への供養として「アベマルヤ」五三ベン、「ケレンド」二ヘン、「バイテル」一ペン唱える。これを「目覚まし」という。

新上五島町宿ノ浦郷築地・横瀬の送り次第

築地・横瀬も葬式のことを「送り」といいます。横瀬の帳役O氏によれば、祖父の代までは元帳だけで送りを行っていましたが、氏の代になり、終戦後からは神主を呼ぶようになり、現在は元帳と神道両方で行っているそうです。

死者が出るとただちに帳役に連絡します。葬式には三役が揃わねばなりません。翌日、神主が死者の家で葬儀を行うのと並行して、カクレの役職者たちも隣家に宿を取って病死届け、葬式の届け、神様への届け、三日目の届けの四座を行って死者を送ります。役職者たちは風呂に入って身を清め、着物を着て行事中は正座を保ちます。

死者への土産として過年度の日繰帳を半紙に包み、袂に入れて持たせます。葬式後も一週間は毎晩オラショを上げます。神に死者の報告をするために「ニヘンガエシ」のオラショを唱え、「その社場《しゃば》に長らく逗留いたし天ノ御親天主《デウス》様、三ミギル様、アルカン女様、三トメイ様の長らくお世話に預りしところ（〇〇〇とお授けの名を言う）死病に付き、只今お届けを申し上げ奉る」と申し上げます。死者へのお土産と死者の着物を供え、「三トメイアポストロ様のお計いを以て、何某へお与え下されますようにお頼み上げ奉る」と申し上げます。

最後に「ミチビキ」のオラショを一ペン唱え、「アポストロ様のお力を以てパライゾに間違いなくお助け下されますようにお頼み上げ奉る。安面《アンメン》ゼズスかたじけのう存じ上げ奉る」と申し上げます。御神酒、お膳の供え物を下げ、「天の御親天主様に万事お頼み上げ奉る」と申し上げて葬式の座式を終わります。翌日にはお礼として御神酒とお膳を供えます。

外海地方出津の送り次第

死者が出ると帳方に連絡があり、その日のうちに帳役が神様に死亡届をし、お初穂を御身ゼズス様に上げます。届けには「ザジメ」の後、「最期のオラショ」を唱えます。届けがすむと御恩礼として、御主ゼズス様に「ガラッサ」五三ベン、取次役のサントス様に「ガラッサ」三三ベン、死したる人に「アベマリア」五三ベン唱え、初七日まで毎日務めます。帳方の妻はその日のうちにサラシ一反五尺を使って死者の着物を縫います。二日目は帳方が釘を使わずに寝棺を作り、納棺も釘を打たずシュロ縄で縛ります。いつの頃からかははっきりしませんが、檀那寺の天福寺には死亡届を出すだけで僧侶は呼びません。

図28　バスチャンの椿の木片
（根獅子切支丹資料館蔵）

女性は頭の右を上にして、男性は頭の左を上にして御棺に寝せ、死者のお土産にはバスチャンの椿の木を少し削って三角布に縫い込んで頭に巻いてやります（図28）。御棺には花や日常品を入れてやり、家から担ぎ出すときに「みすてかどすておいて、っち、みち、体はハコベなりアメン」と唱えます。

埋葬は僧侶が行い、帳方は墓には行きません。火葬にされると体と魂が復活したときに行き迷うといわれ、ごく最近まで土葬でした。墓に納めるときには、「四つの油で固めし五体、四つの油に戻します。人間は土の塵、塩、水と油で固めしもの。死してアニマは天にのぼり、残りし肉身は元の土に戻します」と唱えます。死亡して一週間はオラショを上げるだけで、回向を頼まれればまたさらに一週間オラショを上げねばならず、その間は仕事はできなかったそうです。一年忌までは回向といい、二年目から供養といいます。年忌供養は三、七、一三、一七、二三、二七、三三年忌と行います。

長崎市内家野町の葬式

病人があると、信徒たちは集まって「科《とが》おくり」「コンチリサン」「アベマリア」を唱えました。臨終の者には「お前はジワンばな、お前はジワンばな。道に迷わず真直ぐ行きないよ」とパライゾへの道を開く言葉を唱えます。死者が出ると僧侶を呼びます。僧侶が読経している間、婦人たちは死者の家より高い位置にある家に集まって、一四五頁で紹介した「経消しのオラショ」を唱えます。墓は土葬で、墓穴にお棺を納めるとき、土を一握りずつ三回墓の中に入れながら、「土、水、日、風、塩、油、六つで作った五体のもとの土に返すべき」と三回唱えました。

死者には手織の晒木綿で作った着物を着せます。この死装束は水、金、土曜日以外の「よか日」に下肥《しもごえ》や灰など扱わず（私注：肥料にする人糞や竃の灰などの不浄に触れないこと）麻糸で縫い上げたもので、糸の先は止めず縫い返しもしません。お棺は六角形の特別な座棺を作らせ、左手の親指を上にして十字の形になるように合掌させ、足の指も左の親指が上になるようにします。悲しみの中の命日寄りのときに拝んだ「御仏様《みほとけさま》」を載せた半紙を死者の頭に乗せ、赤いタオルをかぶせます。終戦後は寝棺になりタオルも白になりました。

死者へのお土産としては、生前祈りをよく知った人に頼んで後悔のオラショを唱えてもらい、その唱えた回数だけ糸に結び目で印をしたものをお棺に入れてやります。頭陀袋、手甲、脚絆はつけず、数珠も持たせませんでしたが、墓は完全に仏式のものを建てました。葬式のときには講内《こううち》の人が集まって墓掘りや納棺の手伝いをしました。

Ⅲ　信仰の実像

生月島壱部種子御前様

第七　信仰の本質とその仕組み

一　日本の諸宗教の特色

日本の宗教的風土の根底には、神仏習合思想に見られるように、異文化に対してきわめて寛容なところがあります。しかし、それには既存の宗教を否定したり、対立したりせず、仲良く共存していくことが条件です。キリスト教が日本に伝来して以来四五〇年以上にもなるのに、いまだに日本の宗教世界の仲間のひとりとして溶け込みえないでいるのは、キリスト教のみが救いに至る唯一の正しい宗教と主張する一神教の性格ゆえでしょうか。

神道では八百万の神といいますが、万物に霊が宿っていると考え、水や火や石や風など自然界に存在する多くのものや、動植物、人間に至るまで、五穀豊穣の神、縁結びの神、商売繁盛の神様などとして祀られています。その呼び名もお稲荷さん、お伊勢さん、天神さん、恵比須さんなどと「さん」

づけで人間に近しい存在として親しまれています。

仏教は本来、神をたてない宗教であるにもかかわらず、日本では空海が弘法大師、最澄が伝教大師として、親鸞上人や日蓮上人などとともに崇拝され、観音さん、お地蔵さん、お不動さんなど、これらもしばしばさんづけで、庶民の間で絶大な人気を集めています。お寺の境内に赤い鳥居を見つけても、何の違和感も感じないほどに仏教は完全に日本の宗教土壌の中に根付いています。

仏教の他にも儒教も儒仏一致、あるいは神儒一致、はては神儒仏三教一致と習合を重ね、道教に至っては陰陽道として見分けもつかぬほどに日本化し、土着化しています。新宗教もこの日本の伝統的な習合思想のありとあらゆる組み合わせの可能性を試みた、習合の総合展示場といった感があります。カクレキリシタンの信仰もこの伝統を忠実に受け継いだ、典型的な日本の民俗信仰の一つなのです。

二　キリスト教か日本の宗教か

カクレキリシタンはキリスト教に代表されるような西洋的な宗教なのか、それとも日本的な宗教なのか、饅頭にたとえて説明してみましょう。饅頭とひとくちにいってもいろいろな饅頭がありますが、基本的には外側の目に見える皮の部分と、皮に包まれて見えない中身のアンコの部分からできており、その饅頭の特色を最終的に決定づけるのはアンコの部分にあると考えていいでしょう。カクレキリシタン饅頭は外から眺めただけでは欧風、すなわちキリスト教風に見える要素がまったくないわけではありません。キリスト教に独特のオラショも唱えますし、十字も切ります。洗礼に当たる「お授け」や、クリスマスに相当する「御誕生」の行事など、今でも続いています。外から見ただけではカクレ饅頭の皮は欧風のパイ生地でできていて、一見キリスト教風に見えないこともありません。

しかし、さきに述べたように饅頭の特色を最終的に決めるのはアンコです。カクレ饅頭のアンコが欧風のクリーム味ならば、間違いなく今でもキリスト教であると認められるでしょう。筆者はこの三〇年余り、直接目に見える皮の部分はもちろんですが、中に入っているアンコが欧風のクリーム味、すなわちキリスト教と呼びうる信仰の実体がいまだに残っているのか否かを確かめることに細心の注意を払ってきました。

結果は完璧なまでに純和風アンの味しか見出せませんでした。純粋な日本の民衆信仰そのものでした。客観的な事実をもとにキリシタン史の真の姿を捉えようとするならば、これまでの、「弾圧に耐えて秘かにキリシタン信仰は守り伝えられ、今に至るまでその信仰は受け継がれています」といった幻想に惑わされてはいけません。そうあってほしいという願いは理解できなくはありませんが、客観的な学問の世界と主観的な信仰の世界ははっきりと区別されねばなりません。これまでキリシタン史の研究に携わってきた者の多くが、良くも悪くもキリスト教の聖職者や信徒、あるいはそのシンパであったことが、日本におけるキリスト教の歴史を客観的、実証的な目で分析することを妨げてきた要因の一つであることは否めないでしょう。

三　信仰の特色の分析

第七—二で述べたような日本の民衆の間に受容され根付いている諸宗教とキリスト教のアンコの部分、すなわちそれらの主要な性格、特色を比較分析するには、リトマス試験紙のような、測定の指標が必要です。その成分分析の指標として設定したのが次の四項目です。

	日本の民俗宗教		キリスト教
a	重層信仰	×	一神教
b	祖先崇拝	×	唯一絶対神崇拝
c	現世利益志向	×	来世志向
d	儀礼中心	×	教義中心

現代の日本の民衆の諸宗教には強弱の程度の差こそあれ、共通する特色として、同時にさまざまな神々を祀る重層信仰、祖先の霊を大切にする祖先崇拝、もろもろの神々に対して願うのは、家内安全・商売繁盛に代表されるようなこの世におけるご利益である現世利益志向、どのような教えに基づいてどのような意味のある宗教的行動をとっているのかという教義面にはほとんど関心を示さず、伝統的

な儀礼の継承には熱心な儀礼中心的性格の四点を指摘することができるでしょう。これに対し、日本におけるキリスト教は見事なほど正反対の一神教、唯一絶対神崇拝、来世志向、教義中心的性格を有しています。

あとはこの四つの分析項目に対してカクレキリシタン信仰はどうであるかを見ていけば分析結果が出てくることになります。結論から先に述べれば、すべての項目について日本の民俗宗教の特色とぴったりと一致していました。カクレにはキリスト教的特色を示す要素は見られず、現代日本の民衆の諸宗教の特色を余すところなく兼ね備えた、きわめて日本的な宗教であるということがわかりました。

それではこの結論に至った四項目について説明していきます。

信仰の重層性

キリシタンは一七世紀の中頃、日本国内には一人の宣教師もいなくなり、信徒だけの時代、すなわち潜伏時代を迎えました。寺請制度により、キリシタンはかならずどこかの寺の檀徒となることが義務づけられました。仏教が国教化されたわけですが、仏教と神道は表裏一体の関係にあったので、実質的には神社の氏子でもありました。この状況に対して、キリシタン史に関する多くの書籍が「キリシタンたちは寺請制度が出されても、表向きは仏教や神道を隠れ蓑として、幕末まで心の中で秘かに（一神教であるキリスト教の）信仰を守り続けてきました」と記しています。

しかし、宣教師がまだたくさんいたキリシタン時代の頃から、日本の大多数の民衆は、伝統的な神仏信仰と新たに伝来したキリシタンの教えの差を明確に理解できていたわけではありません。むしろ違いなどどうでもよく、問題は願いを叶えてくれるかどうかでした。キリシタンは南蛮渡来の新たな仏教の一派として、在来の神仏よりも一層願いを叶えてくれる力ある神として仲間に加えられたのです。キリシタン民衆たちは、洗礼を受けたからといって、現在の私たちがすぐに頭の中に思い描くような一神教徒に改宗したわけではありません。神も仏も、キリストもマリアも、彼らの願いを等しく叶えてくれるありがたい存在であり、在来の多神教的神仏信仰の上にさらにキリシタンという新たな神を一つ重ねたにすぎませんでした。

現代でも多くの日本人は、子供が生まれたら神社に初詣りに行き、七五三の祈願もします。結婚式の日取りは仏教の六曜に従って大安の日を選び、式はホテルの中のチャペルでキリスト教式で行う人も急増しています。厄払いは神社にお願いし、死んだら仏式の葬式を上げてもらい、命日やお盆には僧侶を呼んで供養してもらいます。

このくらいのことはほとんどの日本人が何の矛盾も感じることなく実践していると思いますが、当人はけっしてこれは神道儀礼、あれは仏教儀礼、キリスト教式だなどと、自覚して宗教を使い分けてはいないでしょう。これら諸行事のすべてが自然に、あたかも一つの宗教であるかのごとくに見事に使い分けられているのが、日本人の宗教のあり方といっていいでしょう。カクレの行事もそれらの諸

図29　生月島のカクレの家庭祭壇　右から神棚，カクレ祭壇，仏壇，お大師様祭壇

行事の中の一つとして完全に溶け込み、カクレの行事だけは特別だというような意識は持っていません。

生月島のカクレキリシタンの家庭を訪ねてまず驚かされることは、その家の中で祀られている祭壇の多さです。玄関あるいは台所には火の神様・竃の神様である荒神様を祀った祭壇が目に入ります。座敷に上がると、立派な神棚が祀られ、居間には位牌が並んだ仏壇があります。昔は納戸と呼ばれる暗く奥まった部屋に、カクレの神様は祀られていましたが、現在では隠す必要もないので、座敷や居間など表に出てきています。さらにお大師様、お不動様などを講仲間で祀っている祭壇もよく目にします（図29）。

その他にも、庭には屋敷神としてお稲荷様や、島に流れ着いた身元不明の無縁仏の霊を弔う「死霊様《しりようさま》」と呼ばれる祠をお祀りしている家庭も少なくありません。弔う人もいない死者の霊は強いタタリを及ぼす成仏できない霊として恐れられています。しかし、いったん手厚く弔えば福の神として幸いをもたらす神として、漁師の人々は水死体を発見すれば、大漁をもたらすと喜んでこれを引き上げ、死霊様として祀ってきたのです。

第四―四で紹介したように、生月島や平戸島のカクレキリシタンたちはオラショを上げる前に、まず「神寄せ」を唱えます。神寄せの言葉は定型ではなく、自由な創作が認められているので、寄せる神様が少ないものから多いものまで千差万別です。先に二種の神寄せの言葉を紹介しましたが（八五―八六頁参照）、もう一つ生月島壱部のカクレ宗団の「神寄せ」を紹介しましょう。その中にはなんと四八体の神様の名が挙げられています。

この神寄せの言葉の中に出てくる神々の名は、彼らがカクレの神と考えたものが集められているはずですが、今では先祖から伝承されてきただけで、どこのどんな神様なのか説明できる人は誰もいません。中には神様の名としてまったくふさわしくないものもあります。たとえば「ローマの國でイキリンジャ様」のイキリンジャは、ラテン語で教会を意味するエクレシア（Ecclesia）から来たものですが、ラテン語の意味はわかりませんから、神様の名ではないかと考えたわけです。「十五のクヮンニン様」は、「ロザリオの十五の観念」というオラショに由来するものですが、「観念」を「クヮンニン」という神様の名と思い違いしてしまった例です。

生月　壱部　川崎森一氏ノートより「神寄せ」

「いぞいぞサンタマリア様、サンミギリ様、オサンジワン様、御母様、ゼズキリスト様、メンチリョウ様、エステワン様、イキリダ様、パブロウ様、中江の島オサンジワン様、平瀬トーマ様、瀬の内パブロー様、ゴハンの御一体様、ミヤトノサントス様、シゴノゴハンゼイ様、安満岳《やすまんだけ》様、奥の院様、奥だい奥の院様、サンジョウケン様、アボストロ様、御子ヒイリョウ様、根獅子《ねしこ》の大崎様、当地方倉《ほうくら》水天宮様お渡り遊ばされまして、オサンジワン様、天ジョクデオサンポロ様、天ピンシャ様、小島でトーマ様、八天の内でヅヅイナ様、ローマの國でイキリンジャ様、天のオーイン様、マリイナ様、十五のクヮンニン様、三十バンゼイ様、サビイナ様、ヤボサ様、ガスタバル様、ガスバル様、カビナッショウ様、子安の観音様、クラタ様、コメノ宮様、辻本のオーイン様、辻本のキサキ様、雪のサンタマリヤ様、薩摩の國大隅山ヒデリー様、御前様、御親デウスバテレンナ様、御一体様、ゴソビョウ様に御願ひ奉る」

カクレと祖先崇拝

祖先崇拝は日本の諸宗教の根底に普遍的に見出され、いわば日本人の宗教的メンタリティーの基層を形成するもっとも重要な要素であることは言をまたないでしょう。日本国民最大の年中行事は「お正月」ですが、ご先祖様の霊が年神《としがみ》様として子孫の家に戻ってきて、子孫の一年間の無病息災、商売繁盛など子孫繁栄をもたらしてくれる日です。

また日本は仏教国といわれ、その二大行事はお盆とお彼岸ですが、何をやっているのかといえば、先祖の墓参りと供養です。大切なのは、命日などを忘れずに仏壇の位牌にお茶とお花と線香をお供えし、三回忌や七回忌などの年忌供養をしっかり行うことです。仏教徒といいながら、信仰の中身は祖先祭祀です。新宗教が教勢を伸ばしているのも、ご先祖様の供養が十分でなく成仏できずに苦しんでいるとか、水子の霊が祟ってというような日本人のウイークポイントを的確についているからです。

キリシタンとなった人々にとっても、先祖に対する思いは強いものがあったに違いありません。それどころか、身近な先祖の中から多くの殉教者を出したキリシタンたちにとっては、殉教した先祖は神様のような存在として大切に祀られてきました。殉教の模範は残された子孫たちにとって、いうならば先祖の遺言であって、先祖の信仰の形をできる限り変えることなく守り続けていくことが最大の務めと考えたのではないでしょうか。

目に見えない、どのような神様なのかすらよくわからない神よりも、身近に接した自分たちの血につながる殉教した先祖たちの言葉、行いのほうが大きな影響を与えたのは間違いありません。自由にキリシタン布教が行われた期間は四〇年余りと思いのほか短く、言葉の障壁によって教えを理解することすら容易ではありませんでした。さらに長期にわたる鎖国とキリシタン弾圧という三重の悪条件下で、キリシタン大名によって半強制的に集団改宗させられた大多数の民衆層にあっては、キリシタンの教えに対する深い理解は望むべくもありません。その後もキリシタンと呼ばれ続けはしましたが、キリスト教への正しい認識は限りなく希薄化していき、信仰の中心は先祖へと集中していきました。現在、信仰の自由が認められているにもかかわらず、カクレからカトリックに戻る人がほとんどいない理由もここにあります。彼らの神はキリストやマリアではなく、祖先の霊、とくに殉教した先祖の霊なのです。祖先が命をかけて守り続けたものを、たとえそれが何であるかは理解できなくとも忠実に継承していくことが、祖先に対する子孫としての最大の供養であり、彼らの信仰の根幹となっているのです。一神教であるキリスト教に戻るということは、仏壇や神棚や先祖の位牌を焼き、祖先祭祀をやめることを意味するのですから、それがいかに困難なことであったかは想像に難くないでしょう。

現世利益志向

キリスト教では、この世は、アダムとイブが原罪を犯し、楽園であるエデンの園から追放された場所で、苦しい「涙の谷」と呼ばれています。キリスト教はできるだけ早く神から召されてこの苦しい現世を去り、永遠の楽園であるパライゾ（天国）に行くことをむしろ喜びとする、きわめて来世主義的な宗教なのです。死後の永遠の世界に比べれば、現世の短い時間など取るに足りないものと考える、禁欲的で現世利益的な要素の少ない宗教です。カトリックにもルルド信仰のように奇跡による治病を掲げて多くの巡礼者を集めているところもありますが、筆者はこれまで教会の入り口にお金が儲かりますとか、病気が治りますといった現世利益的な宣伝文句が謳われているのを見たことがありません。大抵は「罪深き者よ悔い改めよ。この世の終わりは近い」とか「心の貧しい人は幸いである。天の国はその人たちのものである」といった、来世の救いのことが語られています。

また、神社やお寺に行ったとき、「ここのお寺や神社に来て拝めば、死後は魂が救われます」というキャッチフレーズや、「この御札やお守りを持っていれば極楽に行けます」というグッズが売られているのを見たことがありません。せいぜい安楽死祈願くらいで、あとは見事なまでに家内安全、商売繁盛、無病息災、大漁満足、五穀豊穣、厄除開運、学業上達、子孫繁栄、良縁祈願といった現世利益のオンパレードです。

カクレキリシタンも日本的な宗教の一つですから、同様にきわめて現世利益的性格を有しています。カクレの行事の中に来世における救いを求めるようなものはありません。仏教や神道をはじめ、多くの新宗教の特色と同じく、人々が求めているのは徹底して現世利益的な救いなのです。今でも日本のキリスト教への改宗者が少ないことの大きな理由の一つは、その非現世利益的性格にあることは間違いないでしょう。

このことはオラショからもはっきりと見て取れます。オラショは人々の神への願いを言葉に表したものですが、第四―二の創作のオラショのところで述べたように、自分たちが自ら必要に迫られて作った祈りの言葉は、大漁祈願、豊作祈願、病気平癒祈願、航海安全祈願、幼児の成長祈願、船・家・

墓石・仏壇等のお魂入れ、田・畑・山・沼等の悪霊払いなど、現世利益に関わるものばかりで、来世における魂の救いを求める創作のオラショは一つもありません。

儀礼主義

一神教であるキリスト教は契約の宗教といわれます。神と人間は契約で結ばれており、その神と人間の契約について書き記されたものが聖書です。したがって信徒は契約の書たる聖書の中に書かれている教えをよく学び理解する必要があります。また一神教というのは唯一の正しい宗教であることを主張するわけですから、自らの宗教についてよく知ることはもちろんのこと、他の宗教についても知識を有し、他の宗教よりも優れていること、他の宗教は誤りであることを論証せねばなりません。実際、キリスト教はその発生当初から何が正統な教えで、何が異端であるか激しい異端論争を繰り返し、正統な教義の確立に心血を注いできました。「哲学は神学の婢（はしため）」という有名な言葉がありますが、西洋の学問は神について知ろうとする神学を核として発展してきました。

現在日本では、一般信徒レベルにおいても、成人が洗礼を受ける際には一年程度の教理教育を受けるのが普通です。幼児洗礼者は堅信《けんしん》といいますが、小学校の高学年になると一年間毎週土曜日や日曜日に教会学校に通い、カテキズム（キリスト教の教義）をしっかり学ばされます。また毎週の日曜日のミサや礼拝の中で説教が行われ、さらに黙想会というキリスト教についての修養会、勉強会のようなものが定期的、不定期的に開かれ、教義に接する機会は少なくありません。

同じキリスト教でもカトリックとプロテスタントを比べると、プロテスタントは聖書を重視し、教えに忠実な生き方が求められ、カトリックは聖書よりも典礼を重んじる儀礼主義的な傾向があります。しかし、それでも日本の神道や仏教などと比べると、カトリックははるかに教義主義的傾向が強いといえます。

現在、長崎県下のカクレキリシタン宗団はそのほとんどが解散し、わずかに残っているところでも信徒数は激減し、年間の行事数も極端に減少しています。最近までしっかりと行事が継続されていたのは生月島でした。一〇年ほど前までは驚くほど多くの行事が残っていました。年中行事だけでも三〇種類前後あり、これにお授け（洗礼）や戻し（葬式）など、随時行われる行事を加えれば、年間四〇回余りの行事が行われていました。

カクレにはそれを職業とする宗教的専門家はいませんから、キリスト教本来の教えなどすっかり忘れ去られました。そのぽっかりとあいてしまった空洞を満たすために、身近に存在する多くは神道的慣習に基づく民俗信仰的考え方や習俗を巧みに取り入れ、自ら再解釈、再構成して今日まで続けてきたのです。その信仰の中身はこれまで明らかにしてきたように、キリスト教のそれではなく、日本の民俗信仰そのものです。

キリスト教に由来する行事の名称や形だけは今日まで残っていたとしても、その行事の意味までは伝わっていません。祖先が命をかけて守り通してきたというそのこと自体がありがたいのであり、そのありがたさを絶やすことなく継承していくことが大切なのです。キリスト教の信仰を伝えることが目的ではないのです。たとえ伝えたくともほとんど忘れ去られているのですから伝えようもなかったでしょう。オラショや諸行事の意味を知ろうとした人は、一部の例外的な知的好奇心の強い役職者を除けばほとんどいません。

カクレにとって、キリスト教の教えの意味がわからないということは問題ではありません。彼らの最大の関心事は、先祖代々伝えられてきたものを絶やさないことだからです。その態度を筆者はキリスト教の教義主義に対して儀礼主義と呼びます。

このことはカクレキリシタンのみならず、日本の諸宗教に共通する特色であるといっても過言ではありません。日本では盆と彼岸が仏教における主要な行事となっていますが、実際は墓参りをして先祖供養を行っているだけです。その行事の持つ本来の意味が正しく理解されて営まれているとはいえません。お経にしても、有名な般若心経でさえ、唱えることはできても、その意味までしっかり理解できている人は多くはないでしょう。

カクレは何の意味もわからずにやっていると言う人もいますが、民衆レベルにおいては、仏教徒とて五十歩百歩です。日本人は教義をわからないのではなく、わかろうとしない、わかる必要を感じていないのです。むしろ秘密のベールに包まれているからこそよりありがたみを感じるのです。この意味で、日本の宗教の特色の一つとして、意味はわからなくともやるべきことはしっかり伝承していくという儀礼主義が指摘できるでしょう。

以上でカクレキリシタン信仰の中身に当たる部分の成分分析を終わりにしますが、その結果は明らかにカクレの信仰の本質にはキリスト教的要素は含まれておらず、典型的な日本の民俗信仰であることがわかりました。表層的なレベルではオラショに代表されるように、キリスト教の名残が見られるのは事実ですが、それをもってキリスト教の信仰が今日まで伝えられてきた証拠とするのは無理があるといわざるをえないでしょう。

四　死後の世界をどう考えているのか

カクレキリシタンの他界観を解明するのは容易なことではありません。彼らの間に伝承されてきたのは、形として伝えることができた儀礼と呪文化したオラショだけです。宣教師もいない、教義を伝える本もない潜伏時代が長く続いたわけですから、死後の世界についてわからなくなってしまったのも無理からぬことです。

キリシタン時代に「パライゾ（paraiso 天国）―プルガトゥリヨ（purgatorio 煉獄）―インフェルノ（inferno 地獄）」というキリスト教の垂直的な他界観が日本人にもたらされましたが、すでに日本では仏教の「極楽―地獄」観が浸透していたので、さほど目新しいものでもありませんでした。プルガトゥリヨというのは、生前天国へ直接行けるほど善人でなかった人が、死後、罪の償いが終わるまでしばし留まる場所のことです。

この世に残された者（子孫）が、プルガトゥリヨで苦しむ死者（先祖）の霊魂を、パライゾに早く引き上げて救ってくれるように神に祈るという構造は、日本における死者の魂が早く成仏し、行くべきところへ納まるように行われる、葬儀から初七日、四十九日、初盆、一周忌、三回忌、七回忌などといった一連の死者供養儀礼によく似ています。二百数十年にわたる潜伏時代を経て、キリシタンの他界観は民衆にも理解しやすいシンプルなものへと変化していきました。現世における善悪に従って死後に行く場所が決定されるという、仏教の因果応報思想に近いものとなっています。

明治初頭よりさらに一世紀半余り経過しましたが、その間、カクレの他界観もまた大きく変化しました。キリシタンの他界観の基本である「天国―地獄」もすでに忘れられ、かといってそれにとってかわる新たな他界観が示されるわけでもないのですから、各人思い思いに死後の世界を暗中模索しているというのが実態です。

キリシタンとしての共通な他界のイメージが描けなくなってしまっていることは理解していただけたと思いますが、彼らは同時に仏教や神道やさまざまな民俗信仰とも深く関わってきたわけですから、死後西方浄土へ行こうと、補陀落《ふだらく》や高天原《たかまがはら》であろうと、常世《とこよ》であろうと、さして大きな問題ではないことなのです。大切なことは、ともかく先祖が待っていてくれるところへ行き、あの世で再会できるということなのです。

何人かのカクレの指導的立場の人に、「死後あなたの魂が行くところはいったいどんなところでしょうか」と直接に問うてみたところ、次のようなさまざまな答えが返ってきました。

① 先祖の殉教地、もしくは殉教した先祖を祀る墓や祠に行く
② 自宅の座敷の仏壇の中から子孫を見守る
③ パライゾへ行く
④ 死後の世界はなく、完全に無に帰する

カクレの人々は、先祖をもっとも身近な存在として強く崇拝し、生月島では聖地中江の島、ガスパル様、ダンジク様などの殉教者を祀る祠、さらに身近な先祖の位牌を祀っている仏壇そのものを死後の魂が行く場所と考えている人もいます。生月島内では墓は中江の島のほうを向けて建てられていますが、魂が行くほうに向けて建てるのは自然な感情でしょう。

オラショの中に「パライゾの寺に参ろうやな」とか、「パライゾとは終わりなき喜び蒙るところなり」という言葉があるからでしょうか、死んだらパライゾへ行くと答えた人もいました。それでは「パライゾとはどんなところで、どこにあるのでしょうか」と問うと、もうそこから答えは返ってきません。インフェルノを口にした人は誰もいません。誰に聞いても明確な答えは返ってきません。パ

ライゾやローマでは具体的なイメージがつかめません。結局は目の前に見える中江の島や、位牌を祀る仏壇の中など、身近なところに行くのではないかと感じているようです。明確な他界観が持てないのは、ひとりカクレのみならず、私たちも同じような状況にあり、これも現代社会の姿なのでしょう。

（拙稿「キリシタン他界観の変容―キリシタン時代より現代のカクレキリシタンまで―」『純心人文研究』創刊号所収）

第八　どんな神様を拝んでいるのか

一　複雑なカクレキリシタンの信仰対象

カクレキリシタン信仰の特色の一つとしてその重層性が挙げられることはすでに第七—三で述べましたが、彼らが信仰の対象としているものには具体的にどのようなものがあるのでしょうか。幾重にも複雑に錯綜した、カクレの神観念を分析することは、容易な作業ではありませんが、この点を明らかにすることなしにカクレキリシタン信仰の本質を明らかにすることはできません。筆者が三〇年余り問い続けてきた最大のテーマの一つがこれでした。「カクレの人々はいったいいかなるものを神として拝んできたのか」「カクレの人々をあのような根強い信仰に駆り立ててきたものは何なのか」ということです。

信仰対象があまりにもたくさんありすぎて、少し分類しないと説明するのも困難です。カクレキリシタンの信仰対象を大きく四つに分類してみます。

①　カトリックに由来する神

②　仏教や神道の諸神仏、ならびに民俗神

③　殉教した先祖の霊や無縁仏などの死者霊

④　知覚できる物的存在としての神

まず①「カトリックに由来する神」ですが、オラショの中に出てくる名前、たとえばキリスト・キリステ、デーウス・ジゾース、マリヤ・サンタマリヤ・ビルゼンマリヤ、スベリトサントー、アボーストロ（使徒）、サンジワン（聖ヨハネ）、サンパブロー（聖パウロ）などですが、長い潜伏期間を経てどのような神様であるのかまったくわからなくなり、呪文のように唱えられているだけです。なかには天のパライゾウ様（天の天国様）のように、天国を意味するラテン語の「パライゾ（praiso）」が神様の名前と誤解されたり、マリヤは安産の神様ではないかと思っている人たちもいます。どんな神様かわからないのですから、彼らの心の中で生きた神とはなりえません。そのような名前の神様がいるということだけが大切に伝承されてきたのです。

②の「仏教や神道の諸神仏、ならびに民俗神」は説明するまでもないでしょうが、先祖代々世話になってきた檀那寺、また居住している地域の神社に祀られている神々、民俗神として井戸の水神様、台所に祀られている竈神（荒神様）、村境の道祖神や、祠に祀られた由来もよくわからないような民

衆の素朴な信心と結びついた民俗の神々などが、ごく当たり前に拝まれ、カクレ以外の人々と何ら異なるところはありません。

潜伏時代より三五〇年余りを経過した現在、仏教や神道はすっかり慣れ親しんだ信仰生活の一部となっており、隠れ蓑とかカムフラージュなどという意識はまったくありません。カクレの役職者が檀家総代や氏子総代などを務めることも至極当たり前のことで、そこには何ら矛盾はありません。彼らはごく普通の仏教徒であり氏子であって、そのうえに昔から伝わるカクレという神様もありがたい神様として祀っているというのが偽らざる実体なのです。

③の「殉教した先祖の霊や無縁仏などの死者霊」ですが、筆者は調査開始当初、これがカクレの人々の間でいちばん大切にされている信仰対象ではないかと考えていました。カクレキリシタン信仰の本質は先祖崇拝にあるといわれていましたし（古野清人『隠れキリシタン』至文堂）、自分が生まれ育ったその地で殉教した先祖の霊がもっとも篤い崇敬を集め、神として手厚く祀られているというのはごく自然なことと思われました。

ことに生月島や平戸島内にはキリシタン殉教者にまつわる祠がたくさんあり、サンジワン様、パブロー様、ガスパル様、ダンジク様、オロクニン様、ケゴエスピリン様などといった名前がつけられ、それぞれの地区の関係者によって現在も祀られています。外海では宣教師ジワン様とその弟子の伝道師バスチャン様が中心で、五島のカクレキリシタンも、一八世紀末に外海から移住していった潜伏キリシタンが先祖であるので、ジワン様とバスチャン様が大切にされています。外海、五島では③タイプの信仰対象の数が少ないのは、この地域では殉教者が少なかったことが指摘できるでしょう。
典型的な例を一つ挙げます。平戸島と生月島の中間に中江の島と呼ばれる無人島がありますが、両地方のカクレの人たちからは殉教者の島として、神聖な聖地として崇敬されています。この島での殉教者を歌った「サンジュワン様のお歌」も今に残されていますし（第四―五参照）、この島から採集された水はケガレを清める力を持った聖水として、それ自体神聖な力を有した一種の御神体のように扱われています。（拙稿「カクレキリシタンの神観念」『現代宗教学　第三巻　祀りへのまなざし』所収）
しかし、意外なことに、日常の信仰生活の中で常に意識されているとはいいがたく、役職者でありながら目の前にある先祖が殉教した大切な場所に一度もお参りに行ったことがないという人がたくさんいます。外から見た私たちが思うほどには、殉教者に対して特別な信心が払われているというわけでもなさそうです。それではもっとも強く、深く、生きたカクレの神様として信じられているのは何でしょうか。次節で詳しく説明することにします。

二　本当に信じているものは何か

前節でカクレキリシタンの人々が信仰の対象としているさまざまな神様を①、②、③、④の四タイプに分類しましたが、それらの中でも真に彼らの心の中で生きているのは、④の「知覚できる物的存在としての神」です。神とか霊とか魂とか呼ばれるものは、通常は人間の目で直接見ることは困難です。しかし、目に見えない抽象的な理念的なものでは、親しみを持って日常的に接することはできません。ことに民衆にあっては、目に見え、手に触れることができるような具体的な「物」を通して目に見えない神霊の存在を実感できることが大切です。

神道において、目に見えない神霊が、依り代と呼ばれる巨石や巨木や鏡や玉などに宿り、「御神体」として人々にその姿を現す原理とまったく同じです。カクレキリシタンは教義面がほぼ忘れ去られてしまった民俗信仰で、徹底して不思議な力を持った呪物を通して霊威を感じる呪物信仰（フェティシズム）的性格を強く示しています。

生月島の場合ですが、具体的にどのようなものを神として認識しているのでしょうか。筆者は二五年以上にわたりカクレキリシタンの行事に参加して、彼らが神と感じ、神として取り扱っているものが何であるのか、確信を持って指摘することができます。a御前様《ごぜんさま》　bサンジュワン様（御水《おみず》）　cオテンペシャ　dオマブリ　e御札様《おふださま》です。これら五つは確かに目に見えるものにすぎませんが、彼らはけっして信心用具というような単なる「物」「道具」とは見なしていません。まさに霊の宿った御神体として大切に取り扱っているのです。

a　**御前様**――掛け軸に仕立てられた人物画

図30　御前様掛絵　左 救世主図　右 聖母子図　山田

御前様は生月のカクレの神様の中でも最高の位置を占めています。人物を描いたものを掛け軸に仕立てたものが一般的ですが、中にはメダイや十字架などが御前様と呼ばれて祀られているケースもあります。キリシタン時代に宣教師たちによって西欧の宗教画が多数日本にもたらされました。セミナリオの日本人生徒たちはその原画をもとに模写しましたが、古くなって傷んでくると描き直され（これを「お洗濯する」といいます）、何度か繰り返されていくうちに、表情や衣装などがしだいに日本化してしまっています。

絵のモチーフとしてもっとも多いのは、マリアが幼子イエスを抱いた聖母子像とか、地球儀を手にしたキリストを描いた救世主像ですが、この他にも聖人像や、受胎告知の場面を描いたものなどさまざまです（図30）。キリスト教について正しい知識がある人には、比較的容易にその絵のモチーフが何であるかを推測できます。

しかし、キリシタンたちは長い潜伏時代を経て伝承は消滅し、いかなる絵であるかはまったくわからなくなっているのです。一例を挙げれば、生月島壱部で七〇年余りオヤジ様を務め、自宅に御前様を祀ってきた故大岡留一氏ですら、掛け軸に描かれた丁髷姿の和服を着た人物に対して「どんな神様かわからない」と言っています。この絵には従来「司教の杖をついて三途の川を渡るキリスト像」という解説がつけられていますが、それは外部の第三者が、そう考えられると想像をまじえて述べたことがまことしやかに伝えられてきたにすぎません。当事者たちはけっしてそう考えて拝んできたのではなく、どんな神様かはわからないが、先祖が大切にしてきた神様だから子孫である自分たちも大切に拝んできたというのがカクレの信仰の実像なのです。

生月島では御前様といえば一般的にこの掛け絵を指しますが、広義には祭壇の中に祀られているもののすべてを指します。従来、カクレキリシタンについて書かれた本の中では「納戸神」と称されてきましたが、地元の人々は納戸神という言い方をしません。田北耕也をはじめとする外部の研究者が民俗学用語を用いただけで、地元では「御前様」と呼び慣わされています。

御前様は他の御神体とともに、ツモト（オヤジ役の自宅）の座敷に作られた四角い、外から見ただけでは簞笥としか見えないような木製の祭壇に飾られ、普段扉は閉められていますが、行事のときだけ開けられます。諸行事のほとんどは、まず祭壇の御前様に初穂（御神酒と魚）をお供えし、オラショを唱えてさまざまな願い事をするという形式をとっています。

外海や五島地方では、生月や平戸のように掛け軸に仕立てた絵を御神体として祭壇に祀ることはしません。そのかわり、白磁や、時には金属で作られた純粋な仏教の子安観音、慈母観音などを拝んでいます。俗に「マリア観音」と呼ばれ、潜伏時代に見つかっても仏教の観音様と言い逃れをするため

図31　中江の島で岩の割れ目から聖水を集める

に、マリアのかわりに拝んだものといわれていますが、これとてのちに研究者がつけた名前や解釈であり、どこまで信徒自身がこれをキリスト教のマリアとしっかり認識して拝んでいたかは疑問です。今では「お姿」「宝物《ほうもつ》様」「仏様」「神様」などと呼ばれています。逆に生月島にはマリア観音は見られません。

b　サンジュワン様（御水）――聖地中江の島から採ってきた聖水

カクレの信仰が受け継がれてきたところには、必ずお授け（洗礼）の儀式が伝えられ、お授けに必要な水は定められた聖なる場所より採ったものが用いられてきました。外海にはバスチャンの井戸があり、平戸の根獅子には大石脇の殉教者「オロクニン様」が用いた井戸があります。生月では島のどこからでも見える聖地中江の島から採った水を用います（図31）。

中江の島では一六二二年（元和八）、生月の武士ジュワン坂本左衛門やダミアン出口、ジュワン次郎右衛門らが殉教しています。ジュワンという洗礼名を持った殉教者が出たところから、中江の島は「サンジュワン様」「お中江様」「お向えサンジュワン様」などと親しく呼ばれています。無人島の中江の島には小船で風の強くない日に上陸することができます。島の中央部に三体のサンジュワン様を祀る祠がありますが、そこから三〇㍍ほど左に行くと、御水を採る岩場があります。

どんな日照りのときでも役職者たちが行ってオラショを上げると、岩の間から水が涙のようににじみ出てくるといいます。岩の裂け目に萱の葉を差し込んで水を伝わせ、一升瓶に集めます。しばらくしても出ないときは、オラショを何回か上げるうちにかならず出てくるが、仏教徒やカトリックの人が行っても御水は絶対に出ないと信じています。この御水は御水瓶に入れっぱなしにされていますが、何十年たってもけっして腐らないといいます。

「家祓い」といって、聖水の入った御水瓶を抱いて信徒の家を一軒一軒お祓いをして回る行事がありますが、出発したときよりも少なくなっているはずの御水が逆に増えていることがあり、そんな奇跡がいろいろとあるのでカクレはやめられないといいます。奇跡を信じるということは、奇跡を起こす原因となる霊的な力が本当に存在することを信じているからです。裏を返せば、カクレをやめて神様を棄てたりしたら、確実に何らかの罰、すなわちタタリがあると信じているのです。

生月島では御水はお授け（洗礼）、家祓い、野立ち、餅ならし、オマブリや石塔や仏壇などのお魂入れ、葬式のときの家清めなどに用いられ、腹痛などの病気のときに薬として飲ませていたといいます。聖水に清めの力を認めているのは生月だけで、外海・五島地方ではお授けにしか用いません。

c　**オテンペシャ**——本来苦行の鞭だったものが、お祓いの道具に転用されたもの（図32）

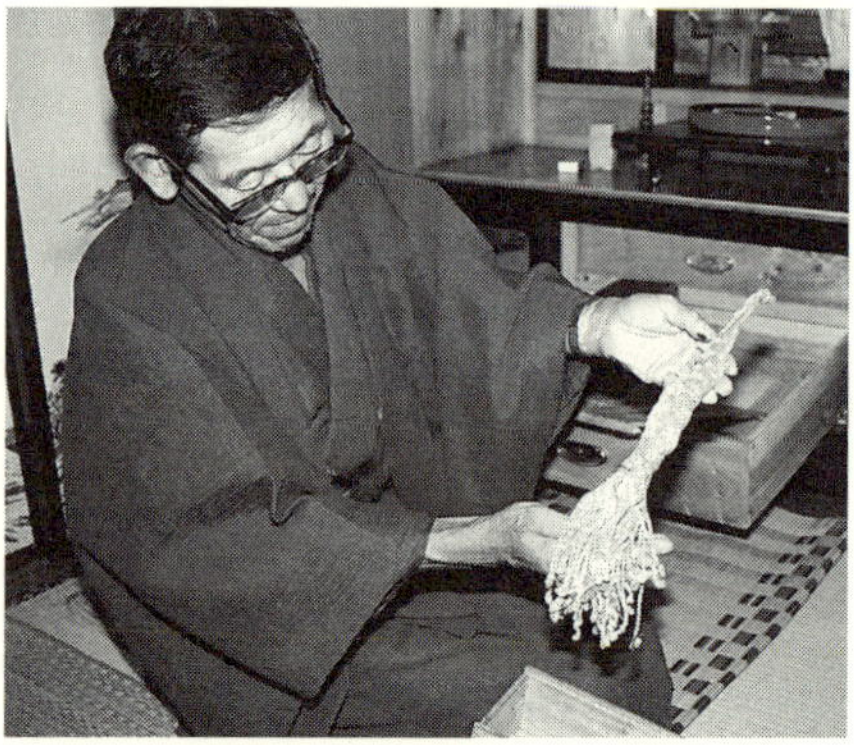
図32　現在ではお祓いに用いられている苦行の鞭オテンペシャ

オテンペシャとは麻縄を編んで作られた四六本の紐を束ねたものですが、カトリック教会で用いられた、罪の償いのための苦行の鞭（ディシプリーナ Disciplina）のことです。正しくは、ディシプリーナで体を鞭打ってペニテンシャ（Penitencia 罪の悔い改め）を行うというように言わねばならないところを、ペニテンシャをディシプリーナと取り違えてしまったのです。ペニテンシャが外国語であることもわからなくなってしまったのでしょうか。ポルトガル語のペニテンシャに、ご丁寧に日本語の敬語の「オ」をつけてオペニテンシャとなり、さらに訛ってオテンペシャとなったものと推測されます。

オテンペシャはカトリックの四旬節に相当する、「悲しみの入り」から、「悲しみの上がり」までの四六日間に、一日に一本ずつよって作らねばならないとされてきました。今ではオテンペシャが苦行の鞭であったことはすっかり忘れられ、神道の神主が用いる御幣と同じように、悪霊・ケガレを祓うために用いられています（図33）。

昔は重病者に対して「病魔祓い」として、オテンペシャで体をお祓いしていたそうです。もともとはディシプリーナという典型的なカトリックの信仰用具が、お祓いという日本の民俗的な機能を有する一種の御神体に転化した姿は、カクレキリシタンらしさを十二分に発揮した変容のありかたといってよいでしょう。これも外海・五島地方では見られません。

d　オマブリ——紙を切って作った十字の形をしたお守り

オマブリとは「お守り」のことで、半紙をハサミで縦横三、四㌢大の十字の形に切って作ります。これも生月・平戸のカクレキリシタンに独特のもので、外海や五島地方にはありません。今では紙で作った十字架をお守りにすることはありませんが、キリシタン時代初期には、紙に描いた十字架を戸口に貼りつけてお守りにしていたことが、フロイスの『日本史』に記されています。

十字架はキリスト教ではもっとも大切なシンボルですが、潜伏時代に入って年月が経つにつれ、しだいに十字の意味がわからなくなり、ただ呪力を持ち、悪霊を払う聖なる道具、すなわち「護符」に転化していき、現在のようにお守りとして用いられるようになったものです。

図33　野立ちの行事で御水とオテンペシャでお祓いをする　堺目

生月では正月の「家祓い」の行事のとき、各信者の家にお守

図34　岩穴にオマブリを差し込んで悪霊の侵入を防ぐ　堺目

りとして家族の人数分だけ配られます。玄関の内側に竹筒を下げ、その中にオマブリを詰めたり、床柱に張ったりしています。「野立ち」のときには、村の中の悪霊が棲みついていると言い伝えられてきた岩の裂け目に棒で差し込んで、悪霊が侵入できないようにしています（図34）。葬式のときには死者の耳に入れたり、着物の衿にお土産として持たせたりします。

　興味深いのは今でもオマブリを飲む人がいることです。オマブリの十字パワーで無病息災を祈願しているのです。十字架はドラキュラ博士やエクソシストを持ち出すまでもなく、悪霊祓いの必需品です。呪力を持ち、悪霊を祓う「呪符」として用いられています。人間の他にも、牛にも病気や怪我をしないようにとサツマイモの中に入れて食べさせます。

e　**御札様**——カトリックのロザリオの十五玄義がおみくじに転用されたもの

　御札様は生月と平戸にのみ伝わる独特なものです。キリストとマリアの生涯における主な喜び、悲しみ、栄光のそれぞれ五つ、計一五の場面を頭に思い描きながら祈る、「ロザリオの十五玄義」に由来します。御札様はこれら一五の場面の意味を縦六㌢、横四㌢、厚さ七㍉程度の木札に墨書したもの

で、「御喜び様」五枚、「御悲しみ様」五枚、「グルリヤ様」五枚、それに元はなかった「親札（ごぁん様、おふくろ様・大将様・朝御前様などグループによって呼び方は異なる）」と呼ばれる一枚が加えられて一六枚一組となっています。

生月島のカクレキリシタンの人々は、この札がカトリックのロザリオの祈りに由来することなど誰も知りません。いつ頃、誰が考案したのか不明ですが、木片に三種の記号と、一本線から五本線までが描かれ、その札を引いて運勢を占っています。「親札」を最高にめでたい運のよい札とし、喜びの一番、二番……五番札がそれに次ぎ、栄光の一番、二番……五番札と下がっていき、悲しみの五番札が大凶の札とされています。

一六枚一組の御札様はふつう「男様」「女様」の二組があり、男性は男札の入った袋の中から適当な一枚を引き、女性は女札の入った袋の中から一枚引いて自分の運勢を読むのです。この御札仲間には数えの一五歳で入ることが許され、カクレ仲間における成人式の意味を持っていたと見ることができるでしょう。昔は、お授け（洗礼）を受けた人でなければ入れなかったそうです。

御札様は「ロザリオの十五玄義」という典型的なカトリックの信心用具でしたが、その本来の使い道がわからなくなったとき、想像をたくましくして「おみくじ」に転用しました。表面的にはきわめてカトリック的なものを残しながらも、本質的にはきわめて日本的な民衆宗教の素朴な感覚にみちみちており、カクレキリシタン信仰の変容の姿を如実に示す好例となっています。

三　拝んでいる神様に優劣があるのか

カクレキリシタンの人たちは、普通の仏教徒や神道の氏子と何ら変わるところはありませんから、自分の家のお寺にも行けば、近くの神社にもお参りに行きます。カクレの人が檀家総代や氏子総代を務めていることも珍しくはなく、本人も、カクレとは関係のない人たちも、そのことに何ら違和感も矛盾も感じていません。繰り返しになりますが、「仏教や神道を隠れ蓑として、秘かにキリシタンの神様を拝んできた」という決まり文句は、そのように美しくあってほしいという願いを込めた外部者の主観的な思い入れにすぎず、「仏様も神様もキリシタンの神様も、先祖が同じように大切にしてきたありがたい神様」というのが偽らざる彼らの気持ちなのです。

仏教─神道─カクレの三者とも同じようにとはいっても、その間には強弱の差があるかもしれないと考えました。カクレの人たちはそれらの中でも、どの宗教がいちばん大切と感じているのか、どの神様がいちばん願いを叶えてくれそうな気がするのか、問われたほうも即答しにくいかもしれませんが、無理に順番をつけてもらうという聞き取り調査をしたことがあります。結果は、多くの人が一番目は仏様、二番目はカクレの神様、三番目は氏神様という答えでしたが、日本人が仏様というときは、暗黙の了解のうちに、ブッダのことではなく、自分の家のご先祖様のことを意味していることに注意しなければなりません。

何十年もの長期間にわたってカクレの役職を務めた人の中に、寺や神社に行くのは形だけで、カクレの神様が中心と答えた人もいましたが、これはかなり例外的なケースといわねばなりません。カクレの神様がどんな神様か、何も聞かされてはいないので、まったくわからないが、先祖がこれまで大切にしてきた神様なので、捨てるに捨てられない。さりとて自分の代で終わらせることは、カクレの神様のばちが当たるかもしれないので、それはしたくないというだけで、慣習として拝んできたという人が大半というのが実態であることは、これまでの長年の聞き取り調査によって明らかです。

しかし、カクレの神様だけをキリシタンの神様として拝み、これからもできるだけ長く伝えていきたいと考えているという人の声が大きく聞こえてくるのも事実です。数回しか現地調査に行かない研究者や、テレビ局や新聞記者が現地で面談し、インタビューする相手に選ぶのは、決まって、自分の先祖が代々最高の役職者を務めてきた、地元でも熱心なカクレとして有名な人や、現職のカクレの役職者です。彼らの意見はけっして末端の人々の考えを代弁しているわけではなく、むしろ逆であることも多いのです。多くの信徒は早く解散したいと思っていても、長く役職を務めた長老が絶対にそれを許さないので、仕方なく続けているケースもあります。現職の役職者として、テレビや新聞紙上で、本音は早く解散したいなどとは立場上言えないこともあります。このように、実際には特別な立場にある人の言葉を、あたかも一般のカクレの人々の総意であるかのように紹介されることも多かったのです。カクレの調査は表層的な部分からだけでは真実を見誤ることが多いので、よほど気をつけねばなりません。

四　お魂入れとお魂抜き

前節で生月のカクレキリシタンの人々にとって、日常の信仰生活の中でアニマ（霊魂）の入った生きた神として重要な位置を占めているのは御前様、サンジュワン様、オテンペシャ、オマブリ、御札様であると指摘しました。いずれも抽象的な概念のようなものではなく、実際に目に見え、手で触れることのできる信心用具あるいは宗教用具などと呼ばれる道具にすぎません。道具自体は神ではなく、信仰を守り、深めるために用いられるモノにすぎません。とくにユダヤ教やキリスト教やイスラム教では偶像崇拝として厳しく禁じられてきました。

あるとき、筆者は「いろんな神様を拝んでいらっしゃいますが、もっとも大切にしている本当の神様とは何ですか」と、生月カクレの長老で、最後の大黒柱であった故オヤジ様大岡留一氏に問うたことがありました。一瞬考えて、きっぱりと答えた「お魂の入ったものですたい」という言葉は、私にとって青天の霹靂でした。なんとシンプルで確信に満ちた答えでしょうか。神寄せの中にも出てくるように、たくさんの神様の中で、彼らの信仰の中心となっている、心の中で生きている神とはいったい何なのかと考えていた筆者には、目の前の霧が晴れていくような気がしました。

仏教や神道の世界でも、「魂《たましい》入《い》れ」といわれる儀式は思いのほか日常的に行われてきました。一般的に仏教では「開眼《かいげん》法要」「遷座《せんざ》式」「入魂《にゅうこん》式」「御《み》霊《たま》入れ」などと呼ばれます。七五二年（天平勝宝四）奈良の東大寺の大仏開眼式はよく知られていますが、開眼とは新しく作られた仏像や仏画などに魂を入れる行事です。おなじみのダルマさんもまずダルマに左目を入れて開眼（入魂）し、願《がん》が成就すると右目も入れます。新しい仏壇、本尊、位牌、墓石などへの魂入れは今でも普通に行われています（図35）。

図35　新しい石塔に聖水と塩でお魂を入れる辻元オヤジ様 谷山久己氏

たとえ古くなったり使えなくなったりしても、いったん魂が入れられたものはけっして粗末にしたり、ゴミ箱に捨てたりしてはならず、「魂抜《たましいぬ》き」を行わねばなりません。壊れた数珠、折れた針、古くなった茶筅《ちゃせん》などに対して行われる数珠供養、針供養、茶筅供養など、精魂こめて使ったものにも魂が籠もっており、感謝の念を以て供養するのも一種の魂抜きの感覚が人々の心の中に生きているからでしょう。

カトリックでも新しく購入した十字架やマリア像やロザリオ、新築の家などに聖水を振りかける祝別という儀式があります。

図36　オマブリに聖水を打ってお魂を入れる堺目のオヤジ様 鳥山泰隆氏

魂を入れるという観念はないというものの、清めることによって世俗のものを神聖化し、そこに霊的な力の働きを感じていることは間違いないでしょう。

掛け軸である御前様や、縄であるオテンペシャは行事のときに使っているうちに傷んできます。古くなったものはお魂を抜いてお休みさせます。新しく作り直すことを「お洗濯する」といいますが、必ず中江の島から採ってきたサンジュワン様の御水を打って（振りかける）お魂が入れられねばなりません。そうして初めて神が宿った御神体となるのです。

お札様は木片ですからそれほど消耗するとは考えられませんが、新しく作られるともちろんお魂が入れられます。紙製の十字架であるオマブリは毎年正月の時期に作られますが、十字の形に切られただけではただの紙片であって何の力も持っていません。オジ役と呼ばれるお授け（洗礼）をする役目を負った役職者が、お水瓶に入れられたサンジュワン様の御水を、イズッポと呼ばれる細い小枝につけて振りかけてお魂を入れると、悪霊を排除する力を有する御神体に変身するのです（図36）。お魂を入れるのは聖地中江の島から採ってきた、サンジュワン様と呼ばれる聖水を振りかけ、お魂を入れる言葉を唱えます。

ここで、生月島元触地区辻の故大畑博氏ノートからお魂を入れる言葉のいくつかを紹介します。

塩の魂入れ

○○の祈願のことで塩の魂として入れますと言って、次の言葉を小声で唱えて、塩を三回振る。

「青か瓶《びん》な七《ひち》の水、さるべすげてのこの御水《おみず》、デウス御言葉《みことば》入ったる水、（御水を振りかける）（御水を振りかける棒を瓶におさめる）川風も受けませんように。われらが御《おん》なるデウスに頼み奉る。アンメジゾー」

時用《ときよう》の風も行合い、来合《きあい》、岩落ち、木落ち致しませんように。

船の魂入れ

「行きが浦十一名の御船舵《おふなかじ》様だんすえ申して、船頭の名はドメゴス、船頭中なだどきや乗り渡す。大《たい》ときが過ち致しませんようにわれらが御名《おんな》る（筆者補注　御主《おんあるし》が訛った言葉）デウスに頼み奉る。

アンメジゾー」

仏壇の魂入れ

「ドメーゴース（筆者補注　魂を入れる人の洗礼名をいう）と申する者が仏壇の新作につきまして、御向《おむか》えサンジュワン様の御水をもって、仏壇の魂入れをいたします。○○家の先祖代々の御霊が新御仏壇に御移りいただき――をお祈りいたします。願わくば○○家の御繁栄と併せて御家族御一統の御多幸を我らがデウスに念じ奉る。アンメジゾー」

五　ケガレ・タタリ・タブー

生月のカクレキリシタン信仰の調査を二五年余り続けてきてもっとも深く印象に残っていることの一つは、今でもこれほど強く生き生きとケガレ―タタリ観念が民衆の生活の中に息づいているということです。このことに気づいたのは、考えられないほどの多くのタブーが今も彼らの日常生活、信仰生活を取り巻いていることを不思議に思ったからです。これらのタブーの考察はカクレキリシタン信仰の本質を解明する重要なカギといっていいでしょう。

昔から「触らぬ神に祟《たた》りなし」といわれてきましたが、「水子の祟り」とか「先祖の祟り」などもよく聞く言葉です。宮崎駿監督のアニメーション『もののけ姫』にも巨大なイノシシがタタリ神となって登場します。タタリと似た言葉に「バチ」があります。悪い行いに対して、懲らしめとして神罰や仏罰を蒙り、神霊の怒りに触れてバチが当たるとかバチを被るといいます。この「たたられる」とか「ばちかぶる」という感覚は、日本の民俗信仰の根幹に横たわる普遍的なものといえるでしょう。

日本の宗教、ことに神道がもっとも大切にしているのは「清らかさ（清浄）」にあると思います。神道における神は徹底してケガレを嫌い、清らかなるものを好むということです。もし汚すようなことがあれば、神の怒りを招き、祟られるからです。それゆえ人間が神に接するときには、ケガレを与えないよう心身を清浄に保つことに細心の注意が払われます。その代表的な行為が「ミソギ（禊）」「ハライ（祓い）」「精進潔斎」です。

いろいろなものがケガレとされていますが、その中でももっとも強いケガレは、死にまつわる死穢《しえ》（黒不浄）と、出産や月経にまつわる血穢《けつえ》（赤不浄）があります。一般的には死穢のほうが血穢よりも強いとされていますが、カクレの神様は血穢のほうを嫌うといいます。タブーとはケガレを避けるために考え出された、清浄を保つための知恵です。こんなことをしたらケガレを引き起こしタタリが生じるので、行ってはならないという禁止事項です。数多くのタブーがあるということはケガレ感が強いことの証しでしょう。

カクレ独特のタブーをいくつか紹介してみます。

① オヤジ様は家祓いの行事が行われる一週間前から終わる日まで、また悲しみの四六日間も夫婦の交わりは禁じられていた。

② オラショを伝習している間は女性に接してはならないとされていた。

③ 女性は赤不浄があるために、神を祀る祭壇のある部屋に入ったり、神の像を見たり触れることは厳禁であった。

④ 牛の出産、死産があったときは、行事への参加は三晩は控えねばならない。

⑤ オジ様は妻が妊娠している期間はお授けをしてはいけない。

⑥　野立ちのとき、女性は不浄があるので聖水の入ったお水瓶を抱くことは許されない。
⑦　月経中にはツモト行事に参加することは遠慮しなければならない。閉経したらよい。
⑧　女性は月経があるのでオラショを習うことは許されない。
⑨　以前オテンペシャは女性には持たせないと決めていたが、現在は持たせる。ただし袋の中に入れたままで持たねばならず、直接触れることは許されない。

カクレの間では、単に女性は月経中だけではなく、通経から閉経まで不浄な存在であると考えられていたようです。昔は女性は一切の行事に参加することは禁じられていましたが、しだいにタブーは緩められ、閉経したらよいとされるようになってきました。さらに最近では月経中だけ避ければよいというようになってきていますが、ケガレ観の希薄化というよりも、女性の参加を認めねば行事の存続自体が困難になってきたからです。

これほど複雑で厳しい慣習や、タブーに満ちたカクレの信仰が、平成の今日まで続いてきたこと自体、ほとんど奇跡に近いといっていいでしょう。先祖が命をかけて伝えてきた大切なものを、可能な限り守り続けていくことが子孫としての最大の供養であると考え、自分の代で終わりにはしたくないという気持ちが強いのは間違いありません。しかし、これまで病気、災害、さまざまな不幸など、すべて霊の力によるものであるとの、強い生き生きとした信仰を持っていた人々にとって、神を捨てることをためらわせてきた最大の原因は、タタリに対する恐れです。彼ら自身そのことにはあまり気づいていないかもしれませんが、これは理屈ではなく、体によって信仰を培ってきた人々の、無意識といってもいいような自然な感情なのです。

以上述べたように、カクレキリシタンの信仰の本質は、表層的には古くは古野清人が指摘したように(古野清人『隠れキリシタン』至文堂)、「混成宗教的祖先崇拝」にあるのは間違いないでしょうが、そのもう一段深い信仰の基層には、さまざまなタブーに取り巻かれたフェティシズム(呪物崇拝)的霊魂観念があります。カクレキリシタンがカトリックに戻らない根本的な理由もそこにあるといえるでしょう。カクレ饅頭のたとえで説明しましたが、表面的にはオラショのように、キリスト教とのつながりを感じさせる部分が今でも残っていますが、信仰の内実はすでに完全に日本的な宗教観念と同化し、キリスト教の一神教的世界観からは遠く離れたところにあるのです。カクレキリシタン信仰の本質を一言で言い表すとすれば「フェティシズム的タタリ信仰」といえるのではないでしょうか。

第九　なぜキリスト教信徒数は増えないのか

一　日本におけるキリスト教の教勢

日本におけるキリシタンの数がもっとも増大したのは、一七世紀の初頭から一六一四年（慶長一九）の大禁教令が出される頃で、最大で四〇万から四五万人くらいの信徒が存在したといわれています。その頃の日本の総人口は一〇〇〇万人から一二〇〇万人程度と算定されているので、日本の総人口の約三％程度がキリシタンであったということになります。徹底した弾圧による潜伏の二三〇年余りを経て、一八七三年（明治六）禁教令は取り下げられました。

その後の日本におけるカトリックとプロテスタントの歩みはかならずしも順調であったとはいえません。長年にわたるキリスト教邪教観は、一般民衆の間では容易に一掃されませんでした。しかし、明治政府の文明開化のスローガンのもと、怒濤のごとく押し寄せてきた西洋文明による日本近代化の動きと、プロテスタントを含めた欧米の宣教師による日本再布教の熱心な活動は、根本から日本人のキリスト教に対する認識を変化させていきました。

禁教令撤廃後、今日まで一四〇年が経過しましたが、ことに戦後の復興期まで、相当な人的、物的援助が日本のキリスト教再建のために欧米より寄せられました。社会救済事業や教育の分野において、この時期にキリスト教が日本に及ぼした影響は計り知れないものがあります。

二〇一〇年度（平成二二）の統計によれば、ミッション校（キリスト教の布教を目指して作られた学校）の数は、幼稚園から大学まで膨大な数に上っています。カトリック系の教育施設を見ると、幼稚園五三四、小学校五三、中学校一〇二、高校一一三、短大一七、大学二一、その他も含めると八五三校です。プロテスタント系では小学校一七、中学校六三、高校八二、短大二〇、大学五六校となっています。二〇一一年の日本全国の大学数は七八〇校ですが、キリスト教系の大学はカトリックとプロテスタント合わせるとちょうど七七校となり、なんと日本における大学の一〇校に一校がキリスト教系大学ということになります。参考までに日本における仏教系大学は四四校、新宗教系大学六校、神道系大学は国学院大学と皇学館大学のわずか二校のみです。

一方、日本におけるキリスト教の信徒数を見てみると、同じく二〇一〇年の統計では、カトリックの信徒数は約四四万人、そのうち四万人が居所不明、年間幼児洗礼約三〇三二人、成人洗礼約三二七一人、死亡約四〇八九人で推移し、年間カトリック信徒増加者数は二二一四人と驚くほど少ないものです（資料：「カトリック中央協議会カトリック教会現勢二〇一〇年」）。日本におけるキリスト教徒の数は、カトリックとプロテスタント（諸派総計約六五万人）を合わせても一％に満ちません。

一七世紀初頭ですら三％あり、現在の活発な教育活動を通してキリスト教が日本社会に与えているその影響力を考えれば、この信徒数は異常といってもよいほど少ないと言わざるをえません。最近一〇年間でも受洗者数は三〇％近く減少してきていますから、ミッション校の積極的な活動にもかかわらず、実質的なキリスト教の教勢はほとんど拡大されていません。それに比して、隣国の韓国ではキリスト教徒の数は一四〇〇万人弱、韓国の宗教人口の三〇％余り（プロテスタント約二〇％、カトリック約一〇％）まで急成長を見せており（二〇〇五年韓国統計庁発表）、数字の上からだけでいえば、日本におけるキリスト教の布教事業は成功していないといっていいでしょう。これは日本宗教史上の一つの謎といっていいかもしれません。

二　西洋文化至上主義と正統キリスト教への憧れ

ローマカトリックには世界中に広がる教会が共有する普遍的な正統教義・典礼があります。しかし、歴史的にはフィリピンや韓国、アフリカ諸国や中南米諸国など、それぞれの国独自の歴史的宗教的伝統・慣習と結びつきながら土着化の道を歩んできました。そのような中で、ほとんど例外的に、日本人は独特の生真面目さによってキリスト教が日本化（日本的変容）することを拒み続けてきたといっていいのではないでしょうか。頑ななまでにヨーロッパスタイルのキリスト教のみが唯一の範とすべき正統な（本物の）キリスト教であり、従うべき理想の姿として仰いできたように筆者には思われます。

明治初期の文明開化の時代より、日本人の間には欧米文化に憧れ、圧倒され、西洋から伝えられたものならば何でも優れているという、一種の「舶来信仰」ともいうべきようなものが生まれ、それは宗教にまで及んでいます。宗教も欧米からの舶来物、すなわち西洋キリスト教が最高の価値を有するものであり、日本の土着の神仏信仰と融合したのではその価値を下げこそすれ、高めることにはならないと感じているのではないでしょうか。明治の文明開花期ならいざ知らず、これほど近代化が進み、経済大国となった現在でも舶来信仰が根強く残っているのは実に驚くべきことです。次にいくつか具体例を挙げてみますが、枚挙にいとまがありません。

男性はベンツやBMWやポルシェなどの外車に乗り、ロレックスやオメガの時計をしたがります。女性はシャネルやディオールの香水をつけ、ヴィトンやエルメスやグッチのバッグを持ち、パリやミラノコレクションに憧れます。ワインといえばフランスのボルドー、ブランデーといえばこれもコニャックと相場が決まっています。近年チーズとは言わずフロマージュと言い、パティシエだソムリエだとフランス語が飛び交っていましたが、最近ではフランス語もすでに古くなってきたのか、アイスをジェラート、ワインをヴィーノとか言うようなイタリア語がナウいようです。喫茶店でもエスプレッソとかカプチーノだとかメニューに平気でイタリア語の単語が並んでいます。

学問や芸術などの領域においてもしかり。明治以降、日本における高等教育の主流は欧米の高名な学者の学説や作品などを紹介することでした。哲学といえばソクラテス、アリストテレス、プラトン、カント、ハイデガーが定番。文明発祥の地インドや中国の賢人についてさえほとんど語られることはありません。バッハ、モーツァルト、ベートーベン、ショパンなら小学生でも知っていますが、日本の音楽家として誰を挙げるでしょうか。

同じ日本人のカトリック司祭でも「ローマ帰り（本場ローマに派遣されて神学を学んで帰った司祭のこと）」は「ローマ帰りの偉い神父さん」として信者から尊敬され、出世したものです。本場イタリアで勉強した司祭の言動にはありがたみが感じられるのでしょうか。日本のキリスト教はいまだに本場直輸入の舶来物崇拝段階に留まっており、広く日本の民衆の心の中に深化、受肉化しているとはいえません。

直輸入のキリスト教に関心を持ち、近づき、入信するような人は、少数のハイソサエティー、インテリ層に多いといえます。同じ洗礼を受けるにしても、日本人司祭より、西洋人司祭から授けてもらうほうが嬉しいと思う気持ちは否定できないでしょう。うがった見方かもしれませんが、キリストに関心を持つというより、外国人神父に憧れて教会に近づく一面も指摘できるのではないでしょうか。

しかし、その外国人神父は白人でなければならず、もしアフリカやフィリピン人司祭であったらどうでしょうか。

プチジャン神父、ド・ロ神父、コルベ神父、ゼノ修道士など西洋人聖職者の名前は比較的知られていますが、日本の代表的なカトリック者である大正時代の岩下壮一（司祭・哲学者・神山復生病院院長）、吉満義彦（哲学・神学者）、田中耕太郎（東大法学部長・最高裁長官・文部大臣）ら東大出身の学者たちや、「蟻の町のマリア」として有名な北原怜子など、すでに記憶が薄れつつあります。日本人カトリック聖職者で日本のキリスト教思想に深い影響を及ぼした者は皆無に近いといっていいでしょう。プロテスタントでは内村鑑三、新渡戸稲造、賀川豊彦などの名が比較的知られていますが、日本のキリスト教がいまだ日本人のものとなっていない一つの証しでしょう。

こうして見てくると、明治以降日本人は日本文化を軽視し、西洋文化に憧れを抱き、慣れ親しんできました。日本人にとっての舶来物（＝外来文化）とはみごとに欧米から来たものを意味し、東南アジアなどから輸入されたものは安物の偽ブランド品か、二流品、粗悪品と見なされ、舶来物とは呼ばれることはありません。

ごく一般的なクリスチャンでない日本人がキリスト教徒に対して抱いているイメージといえば、「酒も煙草も飲まず、毎週日曜日にはかならず教会に行き、敬虔で、禁欲的な生活を送り、カトリックの子だくさんという言葉があるように、避妊も堕胎も許されない、とうてい自分には近づけそうにもない、生真面目すぎる堅苦しい宗教」といったところでしょう。クリスチャンというだけですぐに誰にでも「敬虔な」というレッテルが貼られます。

不思議なまでの日本人の舶来信仰、すなわち西洋文化至上観が、キリスト教に対してこのようなバーチャルイメージを与えるようになった最大の要因と思われます。広く民衆に受け入れられるような土着化した、日本化したキリスト教では本物のキリスト教、正統なキリスト教とは認められず、さりながら「何も足さない、何も引かない」純欧米風キリスト教そのままの形では、民衆化する、すなわち信徒数が増加するのは現実的には困難です。

根本的にいまだ舶来信仰から脱却できないでいる日本人にとって、これからも西洋直輸入キリスト教至上主義を貫けば、現在以上にキリスト教信徒数が増加することはまず期待できないでしょう。かといって、信徒数を増やすためにメイドインジャパンのキリスト教に転換するのも容易ではありません。西洋からの舶来キリスト教にすっかり慣れ親しんできた日本人には、日本的キリスト教ではまがい物の偽物キリスト教として生理的に受けつけないでしょう。しかし、このことが日本におけるキリスト教の教勢伸張の足かせとなってきたことだけは間違いありません。宗教に限らず、あらゆる異文化接触の場面において、新しい土地に真に土着化するには、一〇〇％そのままの形で受容されることはありえず、かならず変容という現象を伴うことは歴史が証明しています。

三　日本布教は成功したのか失敗したのか

第九―一で述べたように、明治以降キリスト教は進んだ西洋文化の象徴として認識され、ことに社会活動、教育活動の分野において大きな影響を与えました。太平洋戦争中、敵性国の宗教として目をつけられた時期もありましたが、キリスト教関係者は積極的に戦争反対を唱えることもなく、むしろカトリックなどは協力的な姿勢をとりました。キリスト教は危険な存在ではなく、世界中に二〇億人もの信徒を有する最上の舶来宗教として高く評価されてきました。

その間の西洋諸国からの日本のキリスト教への莫大な人的・経済的援助を考えれば、キリスト教信徒数が日本の総人口の一％にも満たないというのは信じられない低い数字です。その認知度、影響力、好感度からして不可解な現象です。現代の日本人がけっして宗教に無関心というわけではなく、一例を挙げれば、新宗教の天理教は公称ですが、信徒数二二〇万人、創価学会は五〇〇万人とも八〇〇万人とも、幸福の科学は設立わずか三〇年余りにして信徒数は一一〇〇万人といわれています。

日本でキリスト教徒はなぜ増えないのか。筆者は本書においてその原因として、多神教徒である日本人自身が、正しいキリスト教であるためには一神教でなければならないと生真面目に考えすぎ、伝統的な日本の諸宗教と融合することを頑なに拒み続けてきたところにあるのではないかと論じてきました。西洋文化を最高のものと無条件で認める感性が今でも厳然として残っています。舶来のキリスト教を日本的に変容させることは偽ブランド品を作るようなもので、その価値を減じこそすれ、高めるものではないと信じています。その結果、キリスト教は厳格で敬虔な宗教という仮想のイメージが作り上げられ、素晴らしいのはよくわかるが、堅苦しすぎて近寄りがたい宗教と思われているようです。

今の日本にはキリスト教に対するアレルギーや否定的感情はほとんど存在しません。安心できる舶来高級ブランド宗教として認識されており、既成の神道や仏教教団に対して飽き足らない、かといって怪しげな新宗教へは近づきたくない、宗教的に行き場を失った人々の、憧れの感情を含んだ一種の精神的逃避の場となっていると見ることができるでしょう。クリスマスやキリスト教式結婚式など、イージーで現代人の感性にマッチするような部分だけは気軽につまみ食いしますが、いざ洗礼まで受けて本格的に教団と関わるとなると、尻込みしてしまうのです。

私たちが真剣に生きる意味や、さまざまな究極的な問題の解決を模索しようとするとき、先祖より家の宗教として受け継がれてきた仏教や神道は日本の一般民衆の心の支えとはなりえていません。古色蒼然としてそこに問題解決の力を感じることはほとんどできません。何よりも多くの一般の日本人は仏教徒とは名ばかりで、実際には仏教徒としての教育はほとんど受けてこなかったのであり、墓参りや葬式や法事のとき以外は接点がありません。

むしろ仏教徒でありながらキリスト教系の幼稚園や学校に進学する者が多く、そこで自然に幼児期よりキリスト教に親しむ機会を得る者は膨大な数に上ります。日本の学校教育における教育内容自体も、欧米の学問成果に著しく偏重しているので、知らず知らずのうちにキリスト教的世界観に接する機会が多く、仏教徒でありながら仏教のことよりもむしろキリスト教に関する知識のほうがはるかに豊かで、ものの考え方や行動規範はむしろキリスト教的であるといっても過言ではないでしょう。この意味ではミッション校の活動は本来の使命の一面を十分に果たしているといえます。

日本は阪神大震災、新潟県中越地震、東日本大震災と続けて大きな自然災害に見舞われましたが、社会的な混乱や人々がパニックに陥ることもなく冷静に対処していました。その際、自衛隊や警察の献身的な救済活動もさりながら、ただちに自然発生的に若者たちを中心とした被災者救済のためのボランティア活動が展開され、世界中の人々の賞賛を集めました。体罰やいじめや家庭内暴力など、さまざまな問題も一方では山積していますが、平和、平等、人権尊重、弱者救済、人間愛といったヒューマニズム精神に基づく社会が着実に築き上げられつつあるといえます。それは、間違いなく伝統的な大和心や仏教の慈悲心や、仁・義・礼・智・信を尊ぶ儒教精神とは異なる、キリスト教の隣人愛の思想によって育まれたものではないでしょうか。

キリスト教布教の成果は受洗者の数によってのみ判断されるものでもないでしょう。頭から水をかけられて洗礼を受ければクリスチャンと認められるというわけでもないのと同様に、頭から水をかけられていないからクリスチャンとは呼べないというものでもないでしょう。洗礼という儀礼そのものに意味があるのではなく、キリストの精神を理解し、その心を生きているかどうかということに本質的な意味があると思います。さすれば、仏教徒でありながらキリスト教の教えに触れ、隣人愛の精神を生きている者はキリスト教仏教派のクリスチャンと呼んでもいいのではないでしょうか。その意味でなら、日本におけるこれまでのキリスト教化の事業は大きな成果を収めているといえるでしょうし、これからももっと明るい展望が開けていくことでしょう。

しかしながら、日本ではおそらくこれからもキリスト教が、仏教や神道や新宗教と習合することは容認され難いでしょう。これからの日本におけるキリスト教の布教は、改宗の印として洗礼を授けることを目標とし、布教の成果とみなす洗礼至上主義な考え方から脱却せねばなりません。さもなくば、これ以上の成果は望めないどころか、教勢は現在よりも衰退していくことが危惧されます。その問題の解決は、まずこれまでの日本人とキリスト教との関わりを客観的に理解し、受け止めることから始まるでしょう。そして日本の宗教土壌をしっかり分析し、その土に根を下ろしていくにはいかなる方策をとるべきか、謙虚に最善の道を模索していくしかないでしょう。（拙稿「日本ではなぜキリスト教信徒数は増えないのか」『キリスト教史学』第六七集）

あとがき

筆者が初めてカクレキリシタンの調査を行ったのは、三七年前のこと。一九七六年(昭和五一)、大学院在学中、夏休みにどこかの宗教教団を訪ねて調査研究を行うことが課題として与えられました。郷里の長崎市郊外にある外海町出津のカクレの調査を行うことにしました。初めて帳方の中山力男氏と出会った日のことは鮮明に記憶に残っています。

その頃、イタリアから持ち帰った一六～一七世紀のキリシタン関係原文書の解読に虫眼鏡片手で取り組んでいました。古文書に向かうことにも少々疲れ、せっかく長崎に戻ってきたのだから、生きたキリシタン史の証人であり、長崎県下のみに残るカクレキリシタンの人々の信仰の姿を直に確かめてみるのも悪くないなと考えました。半分は気晴らしのつもりで、当時、まだまだカクレの行事が盛んに行われていた生月島を訪ねました。

一九九一年(平成三)、平戸島と生月島の間には橋が架かり、陸続きとなりました。それまでは平戸島の薄香港からフェリーで渡っていました。フェリーから眼前に見える中江の島には、殉教した三人のジュワン様が祀られています。今にして思えば、このサンジュワン様が筆者のキリシタン研究の道を大きく変えてしまうことになりました。最初の調査記録ノートをめくってみると、今から二七年前の一九八六年八月二六日、生月島元触地区辻の元オヤジ様大畑博氏の自宅を訪ね、組織の問題について聞き取りを行っています。それ以後、毎年何度も足を運ぶようになり、カクレキリシタンの信仰世界の中にどっぷりとひたり、その調査研究がライフワークとなってしまいました。

その後、生月島を中心としながら、並行して平戸島、五島、外海地方、熊本県の天草島の調査も行いました。「隠れキリシタン」という言葉の響きからか、世間一般には忍者か隠密のように、裏で秘かに特別な組織を作り、人目につかぬよう隠れて何やら儀礼を行っているのではないかと想像（妄想といったほうがよいか）している人も少なくはありません。中には黒ミサのような儀式は行われていないのかといった奇想天外な質問をした人もいました。某大手の出版社からは、宗教関係の辞典を編纂するにあたり、「秘密結社」という項目を立て、その中にカクレキリシタンも含めて執筆してもらいたいという依頼もありました。世間の認識はかなり実態とズレがあり、空想と願望の入り混じったかなり怪しげなイメージが作り上げられており、これはぜひとも正さねばと思うようになりました。

日本で最後までカクレの信仰が残っている長崎県下においても、組織崩壊が危惧されて随分と久しくなります。一六四四年（正保元）に潜伏時代が始まり、すでに三七〇年余りの年月が流れました。その信仰の強靭な生命力には驚嘆すべきものがあります。キリシタンと呼ばれた人々が熱心な信仰を持ち、命がけで「大切なもの」を守り伝えてきたことだけは紛れもない事実です。しかし、多くの人が、「隠れキリシタン」という呼び名に惑わされ、今でも隠れてキリシタンの教えを守り続けているものと思い込んでしまっているのです。

潜伏キリシタンやカクレキリシタンたちが守り続けてきたものは、はたしてキリシタン信仰と呼べるものだったのでしょうか。そうあってほしいという願望はさておき、一度はしっかりと客観的な眼差しを以て、彼らが大切にしてきたものは何であったのか、事実を確認する作業が大切ではないでしょうか。日本人のキリスト教理解と受容の問題を問い直す契機がそこにあります。

彼らが苦心惨憺して今日まで守り続けてきたものは、第七、第八で詳述したように、キリスト教とはかけ離れた、「先祖が命がけで守り続けてきたものを自分の代で絶やしてはならぬ」という、子孫としての先祖を思う一心から出たものでした。そして、その先祖がキリシタン時代に命がけで守ってきたものも、キリシタン信仰と呼ぶことのできる一神教的な性格のものではなく、日本の伝統的な諸神仏信仰に加えて、さらに強く現世利益的願いを叶えてくれそうな、南蛮渡来の力ある神をプラスしたものというのが実態でした。

キリスト教という異文化に初めて接した日本人にとって、キリシタン時代という時代は、その教えを理解するにはあまりにも条件が整っていませんでした。潜伏時代には、その環境はさらに悪化し、一人の指導者もいなくなり、教義という内容面はほとんど理解できなくなり、したがってその伝承も困難となりました。その空白は、日本の諸宗教の根底に普遍的に存在する諸要素によって置き換えられるしかありませんでした。こうして、先祖が残してくれた儀礼的な側面だけが、意味不明なまま、父祖伝来の大切なものとして、忘れられることなく今日まで大切に伝承されてきたのです。

カクレキリシタンはキリスト教とは異なるひとつの土着の民俗宗教であると明確に認識しなければなりません。日本における仏教についてもまったく同じようなことがいえます。日本に土着した仏教は、本来の釈迦の教えとはあまりにもかけ離れた、現世利益的また祖先祭祀を中心とした重層信仰へと変容し、仏教と呼ぶのがはたして適切かどうか迷うほどです。釈迦は現世でいかに生きるかということを説いたのであり、死者をいかに成仏させ、供養するかということを説いたのではありません。しかし、仏教が日本人に理解され、受容され、土着化するには、祖先祭祀と結びついた「日本仏教」という形でしか可能ではなかったといえるでしょう。

現在、キリスト教が日本において土着しえないでいるのは、頑強に現世利益主義を否定し、来世志向的な一神教を保持していこうとしているからです。もし神仏混交のように神基混交、仏基混交、神仏基混交を認めたならば、まったく違った可能性が見えてくるでしょう。しかし、そのときには、日本仏教は仏教と呼べるのかという疑問と同様に、キリスト教と呼べるのかという新たな問題が出てくることになるでしょう。

現在、キリスト教が日本において苦戦を強いられているのは、「接触―受容―融合＝変容」という異文化受容の法則（堀一郎『日本の宗教』大明堂）に従わず、いかに西洋の一神教を純粋な形で日本に移植させることができるのかという、いまだかつて成功した事例のない難題に取り組んでいるからです。一神教の受容とは、他の神を否定することを意味します。重層信仰的な世界観に慣れ親しんできた日本人を、一神教の世界に招き入れることは容易な作業でないことは想像に難くありません。

孤立無援の厳しい状況の中で三七〇年余り続いてきた強靭なカクレキリシタン信仰の生命力も、先祖に対する篤い思いも、日本の社会や経済構造の大きな変化の波には打ち克つことはできず、その灯は今まさに燃え尽きようとしています。組織崩壊の主因は、一言でいえば後継者不在ということに尽きます。これはカクレキリシタンのみならず、全国的な地方の過疎化に伴い、あらゆる日本の伝統文化が遭遇している、共通の難しい課題です。そのなかでも、娯楽性の低い、経済活動に結びつきにくい、目に見えない宗教文化、精神文化の衰退は危機的な状況にあるといってよいでしょう。

今日まで、宗教的伝統行事は主として男性によってになわれてきました。民俗世界の観念として強いケガレ観（女性の血のケガレである血穢観念）が残っており、女人禁制の伝統はまだまだ根強く生きています。カクレキリシタンはその一つの好例です。民俗行事の表舞台の主役には通常は男性が立ち、女性は行事に欠かせない料理の準備や後片付けなど、裏方として大変な負担を強いられてきました。

しかるに、近年ケガレ観に基づく女性差別意識は急速に薄れ、女性の社会進出に伴う発言力は著しく増大してきました。大変な犠牲を伴う伝統行事は、女性の忍耐強い協力によってこれまで何とか維持してこれましたが、共働きが当たり前となり、それも困難になってきました。男性中心の論理で構築されてきた伝統文化維持システムは機能しなくなり、組織消滅の現実的な引き金となったのです。

平戸島の根獅子のカクレキリシタン組織は、後継の役職者を得ることができず、一九九二年突然の大風に一瞬にして吹き消されるかのごとくに解散しました。五島・外海・長崎地区では、いくつかの例外的なケースを除けば、高齢となった最後の役職者が務めを果たし終えると、ロウソクの炎がいつしか燃え尽きるかのごとくに、消滅していってしまいました。生月島のみが何とか持ちこたえていましたが、一〇年ほど前から生月島全カクレ宗団において連鎖的な解散現象が続きました。生月島全体のカクレの最長老であり大黒柱であった大岡留一氏（九二歳）が二〇一〇年五月一九日に他界しましたが、生月島のみならず、日本のカクレキリシタンの終焉を告げる前触れのように思われました。

二七年間に及ぶ筆者の調査研究の結果、カクレキリシタンは「隠れてもいなければキリシタンでもない」ということは間違いなさそうです。数多くの神仏を祀り、先祖を大切にし、徹底して現世利益を求める典型的な日本の民俗宗教の一つです。その彼らがカクレキリシタン信仰を放棄しようとしているのは、何枚も重ね着してきた中で、古くなりサイズも合わなくなった一枚のシャツを脱ぎ捨てるにすぎません。もっと早く脱ぎたかった、脱いですっきりしたというのが、多くの解散していった信徒たちの偽らざる気持ちです。もちろん一抹の寂しさはあるでしょうが、解放されて安堵したという気持ちのほうが強いというのが、大多数の信徒の本音です。

カクレキリシタンが日本人にとってきわめて興味深いものであるのはもちろんですが、最近、日本人以上に深い関心を寄せているのは、むしろ海外の、ことにキリスト教圏の人々です。すでに何人もの外国人の研究者が来日して調査を行い、その成果は英語で発表され、日本特派員の外国人新聞記者や、BBCなどのテレビ局による海外への紹介もしばしば行われ、その認知度は急速に増しています。最近では筆者への問い合わせも、日本人よりもむしろ外国人からのほうが圧倒的に増えています。

筆者の指導のもとで長年カクレの調査研究に従事してきた、スウェーデンのウプサラ大学博士課程在籍のクリスチャン・ペラ（Kristian Pella）氏が、本書刊行予定と同じ二〇一四年一月にカクレで博士号取得の運びとなったことは、カクレの神様が取り持つ不思議なご縁なのでしょうか。

ひとつ残念なのは、長崎県として積極的に推薦してきた「長崎の教会群とキリスト教関連遺産」が、二〇一三年の世界遺産登録の正式推薦候補から漏れ、一四年度以降に持ち越しとなってしまったことです。しかし、ザビエルから幕末に至るキリシタンの歴史、それに続く明治より現在に至るカクレキリシタンの歴史は、長崎を訪れた人々に大きなインパクトを与えることは間違いありません。ちょうど世界遺産登録運動が盛り上がってきたその時期に、カクレキリシタンの歴史が幕を閉じようとしていることは誠に残念なことといわねばなりません。

その歴史は日本宗教史のみならず、世界宗教史における東西宗教文化交流の興味深い事例として、さまざまな分野にわたり広く関心を抱く人々に対して、貴重な研究材料を提供してくれることでしょう。そのためには、できるだけ主観的な価値判断は避け、事実に基づいた客観的な資料・記録の保存と、その分析がいっそうこれから求められるようになることでしょう。

本書をまとめるに際して、これまでどれだけたくさんのカクレキリシタンの方々のお世話になったことでしょうか。そこで学んだことの一つは、聖句の「求めよ、さらば与えられん」という言葉どおり、こちらが真剣になって求めていけば、かならずその人も真剣になって応えてくれるということでした。生月島の小川國廣氏、大畑博氏、大岡留一氏、鳥山泰隆氏、谷山久己氏、出津の中山力男氏、黒崎の村上茂氏、五島の宮本金輔氏、深浦福右衛門氏、大浦盛衛氏をはじめ、挙げていけばきりがありません。その多くの方々がすでに他界されてしまいました。消えゆくカクレキリシタンの歴史の最後の頁を飾ったこれらの方々は、筆者に遺言として正しく後世に伝えるよう託されたのでしょう。

本書の企画が生まれてからちょうど一年の歳月が流れました。個人的には悲喜交々大変な一年で、原稿完成が若干遅延してしまい、吉川弘文館編集部の永田様や並木様にはご迷惑をおかけいたしました。

二〇一三年一一月

宮崎賢太郎

昭和六一、六二年、初めて文部科学省の科研費を受領し、それ以降、平成二年より平成二〇年まで連続一八年間、通算二〇年間受領しました。本書を含め、カクレキリシタンに関する三冊の単著刊行に際し、大きな助けとなりました。ここに深甚なる感謝の意を表します。

昭和六一年　奨励研究A（長崎県下におけるカクレキリシタンの変容と残存形態について）
昭和六二年　奨励研究A（長崎県下におけるカクレキリシタンの変容と残存形態について）
平成二〜四年　一般研究C（カクレキリシタンの信仰変容と土着化に関する調査研究）
平成五〜八年　一般研究C（生月のカクレキリシタンにおけるタタリ信仰の調査研究）
平成九〜一二年　基盤研究C（生月のカクレキリシタンと土着信仰の融合に関する調査研究）
平成一三〜一六年　基盤研究C（長崎県下及び天草島におけるカトリック土着に関する調査研究）
平成一七〜二〇年　基盤研究C（組織崩壊に瀕する長崎県下カクレキリシタンの緊急調査研究）

主要参考文献

邦　文

アレッサンドロ・ヴァリニャーノ、松田毅一他訳『日本巡察記』平凡社、一九七三年
アンジェラ・ヴォルペ『隠れキリシタン』南窓社、一九九四年
姉崎正治『切支丹宗門の迫害と潜伏』同文館、一九二五年
生月町郷土史編纂委員会『生月町史』生月町教育委員会、一九九七年
浦川和三郎『切支丹の復活』前編・後編、日本カトリック刊行会、一九二七、二八年
―――『五島キリシタン史』国書刊行会、一九七三年
海老沢有道他編「どちりいな-きりしたん」(『キリシタン書・排耶書』岩波書店)一九七〇年
片岡弥吉『かくれキリシタン』NHKブックス56、日本放送出版協会、一九六七年
紙谷威広『キリシタンの神話的世界』東京堂、一九八六年
児島康子「天草異宗事件をめぐる対処方針―「天草吟味方扣」を通して―」(『熊本大学社会文化研究六』熊本大学大学院社会文化科学研究科、二〇〇八)
―――「外海地方下黒崎のオラショにみるカクレキリシタン信仰」(『長崎談叢第九十九輯』長崎史談会、二〇一三)
五野井隆史『日本キリスト教史』吉川弘文館、一九九〇年
―――『キリシタンの文化』吉川弘文館、二〇一二年
近藤儀左ェ衛門『生月史稿』芸文堂、一九七七年

清水紘一『キリシタン禁制史』教育社、一九八一年
外海町役場『外海町誌』外海町役場、一九七四年
高崎　恵『自己像の選択　五島カクレキリシタンの集団改宗』国際基督教大学比較文化研究会、一九九九年
田北耕也『昭和時代の潜伏キリシタン』日本学術振興会、一九五四年
谷川健一『わたしの「天地始之事」』筑摩書房、一九八二年
――「浦上異宗徒一件」(『日本庶民生活史料集成　第一八巻　民間宗教』三一書房)一九八三年
中村博武『宣教と受容　明治期キリスト教の基礎的研究』思文閣、二〇〇〇年
野村暢清『宗教と社会と文化』九州大学出版会、一九八八年
浜崎献作『かくれキリシタン―信仰の証―』私家版、一九九七年
東馬場郁生『きりしたん史再考―信仰受容の宗教学―』グローカル新書六、二〇〇六年
ファービオ・アンブロージオ・スピノラ、宮崎賢太郎訳『カルロ・スピノラ伝』キリシタン文化研究会、一九八五年
古野清人『隠れキリシタン』至文堂、一九六六年
――『古野清人著作集五　キリシタニズムの比較研究』三一書房、一九七三年
堀　一郎『日本の宗教』大明堂、一九八五年
正木慶文『長崎隠れキリシタン記』新潮社、二〇〇三年
F・マルナス、久野桂一郎訳『日本キリスト教復活史』みすず書房、一九八五年
皆川達夫『オラショ紀行　対談と随想』日本基督教団出版局、一九八一年
――『洋楽渡来考　キリシタン音楽の栄光と挫折』日本キリスト教団出版局、二〇〇四年
宮崎賢太郎『キリシタンの洗礼資料集』純心女子短期大学・長崎地方文化史研究所、一九八九年
――「日本キリシタン土着化論」(『地方史研究』二三五号、第四一巻四号、地方史研究会、一九九一)

宮崎賢太郎「カクレキリシタンの神観念」(『現代宗教学　第三巻　祀りへのまなざし』東京大学出版会)一九九二年
――「アジア諸国のキリスト教受容」(『アジアのなかの日本史　第五巻　自意識と相互理解』東京大学出版会)一九九三年
――「キリシタン他界観の変容―キリシタン時代より現代のカクレキリシタンまで―」(『純心人文研究』創刊号、長崎純心大学)一九九五年
――「『天地始之事』にみる潜伏キリシタンの救済観」(『宗教研究』第七〇巻、第一輯、一九九六)
――『カクレキリシタンの信仰世界』東京大学出版会、一九九六年
――「カクレキリシタンと神道儀礼―生月山田の初田様の行事について―」(『生月地域文化研究Ⅰ』長崎純心大学比較文化研究所)一九九七年
――「カクレキリシタン研究の問題点と課題」(『キリスト教文化研究所年報ＸＸ』ノートルダム清心女子大学キリスト教文化研究所)一九九八年
――「日本人のキリスト教受容とその理解」(『日本人はキリスト教をどのように受容したか』国際日本文化研究所叢書一七)一九九八年
――「平戸カクレキリシタンの信仰とその現状」(『平戸市史　民俗編』平戸市史編纂委員会)一九九八年
――「キリシタンと仏教」(『仏教と出会った日本』法蔵館)一九九八年
――「生月島の宗教遺跡と信仰対象」(『生月地域文化研究Ⅱ』長崎純心大学比較文化研究所)一九九九年
――分担執筆『長崎県のカクレキリシタン　長崎県カクレキリシタン習俗調査事業報告書』長崎県教育委員会、一九九九年
――『カクレキリシタン　魂の通奏低音』長崎新聞社、二〇〇一年
――「カクレキリシタンのオラショ資料集　五島篇　その一」(『純心人文研究』第一九号、二〇一三)

———「日本ではなぜキリスト教信徒数は増えないのか」（『キリスト教史学』第六七集、二〇一三）
———「カクレキリシタンにおけるオラショの変容とその意義について」（『長崎・東西文化交流史の舞台』勉誠社）二〇一三年
ムンシ ロジェ ヴァンジラ『村上茂の伝記』聖母の騎士社、二〇一二年
森　克己「五島のかくれキリシタン」（『日本歴史』六八号）一九五四年
ヨゼフ・フランツ・シュッテ編、佐久間正他訳『大村キリシタン史料―アフォンソ・デ・ルセナの回想録』キリシタン文化研究会、一九七五年

欧文

Harrington Ann, Japan's hidden Christians, Loyola University Press Chicago, 1993.

MIYAZAKI Kentaro, Hidden Christians in Contemporary Nagasaki, CROSSROADS A Journal of Nagasaki History and Culture No. 1, 1993.

——— "The Kakure Kirishitan Tradition," *Handbook of Christianity in Japan*, 28. ed. by Mark R. Mullins Brill Academic Pub, 2003.

Nosco Peter, Secrecy and the Transmission of Tradition Issues in the Study of the "Underground" Christians, Japanese Journal of Religious Studies, Vol. 20, No. 1, March 1993.

Pella, Kristian. *The Kakure Kirishitan of Ikitsuki Island: The End of a Tradition*. Uppsala: Uppsala University, Department of Theology, 2013.

Turnbull Stephen, Martyrs and Matsuri: The Massacre of the Hidden Christians of Ikitsuki in 1645 and its Relationship to Local Shinto Tradition, Japan Forum, Vol. 6, No. 2, October 1994.

Volpe Angela, I Kakure: religione e societa in giappone, Reggio Emilia, 1992.

Whelan Christal, The Beginning of Heaven and Earth: University of Hawaii Press, 1996.

著者略歴
一九五〇年　長崎市に生まれる
一九七五年　東京大学文学部宗教学宗教史学科卒業
一九七八年　東京大学人文科学研究科宗教学宗教史学修士課程中途退学
現在　長崎純心大学客員教授
〔主要著書〕
『カクレキリシタンの信仰世界』（東京大学出版会、一九九六年）
『カクレキリシタン　魂の通奏低音』（長崎新聞社、二〇〇一年）

カクレキリシタンの実像
日本人のキリスト教理解と受容

二〇一四年（平成二十六）二月一日　第一刷発行
二〇一八年（平成三十）九月二十日　第五刷発行

著　者　宮《みや》崎《ざき》賢《けん》太《た》郎《ろう》
発行者　吉　川　道　郎
発行所　株式会社　吉川弘文館
郵便番号一一三―〇〇三三
東京都文京区本郷七丁目二番八号
電話〇三―三八一三―九一五一〈代表〉
振替口座〇〇一〇〇―五―二四四番
http://www.yoshikawa-k.co.jp/
印刷＝株式会社　三秀舎
製本＝株式会社　ブックアート
装幀＝黒瀬章夫

ISBN978-4-642-08100-9